THÉORIE LOGIQUE

DES

PROPOSITIONS MODALES

PARIS. — IMP. ADRIEN LE CLERE, RUE CASSETTE, 29.

THÉORIE LOGIQUE

DES

PROPOSITIONS

MODALES

PAR

M. ANTONIN RONDELET

PROFESSEUR

A LA FACULTÉ DES LETTRES DE CLERMONT-FERRAND

PARIS

<table>
<tr><td>DURAND</td><td>LADRANGE</td></tr>
<tr><td>LIBRAIRE-ÉDITEUR</td><td>LIBRAIRIE PHILOSOPHIQUE</td></tr>
<tr><td>rue des Grès, 7.</td><td>rue St-André-des-Arts, 41.</td></tr>
</table>

1861

AVERTISSEMENT

Je ne donne point l'étude qui va suivre pour un travail d'érudition; ce serait sortir de ma compétence. J'ai voulu simplement traiter un point de logique dogmatique, et pratiquer ainsi ce qu'un illustre philosophe contemporain a si bien appelé *la gymnastique des esprits*. J'ai été frappé de voir que la théorie des propositions modales est bannie de toutes nos logiques, et que, même dans les commentateurs anciens ou les philosophes du moyen âge, elle n'a fait, pour ainsi dire, aucun progrès. Mon dessein a été d'y introduire quelque précision et quelque clarté, d'y signaler quelques erreurs et d'en combler quelques lacunes. Je croirai avoir pleinement réussi, s'il m'a été donné de rencontrer les réflexions que peut faire un lecteur sérieux en méditant cette partie inachevée de la science.

Qu'il me soit permis de remercier publiquement ici mon savant collègue et ami M. Thurot. Mon travail doit beaucoup à ses conseils et à ses corrections. Si j'ai cru devoir, dans ces matières délicates, maintenir quelques interprétations ou quelques opinions différentes des siennes, ce n'est point sans une extrême défiance de moi-même que je m'écarte de son autorité.

ANTONIN **RONDELET.**

THÉORIE DES MODALES

DANS

LA LOGIQUE D'ARISTOTE

INTRODUCTION

CHAPITRE PREMIER

Plan de l'ouvrage.

Je diviserai cet ouvrage en deux parties : la première contiendra l'exposition, la seconde, l'examen de la doctrine d'Aristote sur les propositions modales.

Je ne vois pas que le philosophe grec ait suivi dans l'*Organon* un ordre déterminé. Je m'efforcerai, dans la discussion de ce problème complexe, de découvrir d'abord une méthode, et ensuite d'y rester fidèle.

La première partie de l'ouvrage contiendra quatre divisions.

Premièrement : Définition des propositions modales d'après Aristote et d'après ses commentateurs les plus autorisés ; — place qui doit être assignée à la théorie des propositions modales dans l'ensemble de la logique.

Secondement : Principes métaphysiques des règles du syllogisme, soit ordinaire, soit affecté d'une modalité quelconque ; — conversion et opposition des propositions ; — nature et démonstration de la conversion et de l'opposition d'après Aristote.

Troisièmement : Méthode employée par Aristote pour appliquer ces principes à la démonstration syllogistique.

Cette méthode est triple.

Elle procède d'abord par l'ordre des raisonnements mathématiques ; je l'appellerai ici, d'après l'expression grecque, méthode d'exposition *littérale*, ou plus exactement, en français, méthode d'exposition *algébrique*. Son procédé consiste à représenter par les rapports abstraits des lettres ou des signes, les rapports réels des choses ou des idées ; elle démontre directement les syllogismes au moyen d'une série d'identités ; elle s'applique avec un égal avantage à tous les modes, à l'exception de *baroco* et de *bocardo*.

La seconde méthode est celle de l'*exemple :* elle se fonde non plus sur la forme, mais sur la matière même des arguments.

La troisième est la réduction à l'absurde ; elle emploie les lettres, comme la méthode d'exposition algébrique, mais au lieu de procéder directement comme elle, elle démontre la fausseté du principe par la fausseté des conséquences logiquement déduites.

Quatrièmement : Exposition de la doctrine d'Aristote sur les différentes figures et les différents modes des propositions modales.

Ce philosophe se borne à considérer le nécessaire et le contingent ou possible. Les deux prémisses du syllogisme peuvent être deux nécessaires ou deux contingentes, ou bien elles peuvent être, l'une par rapport à l'autre, d'une modalité différente. Enfin les propositions énoncées en la forme accoutumée, et qui portent en logique le nom de propositions pures ou absolues, peuvent être associées dans les prémisses à une proposition nécessaire ou à une proposition contingente. De là plusieurs modes nouveaux de syllogismes. Nous prendrons pour guide, dans tous ces détails, l'enseignement renfermé dans les *Premiers Analytiques.*

Ce programme de notre première partie devient naturellement celui de la seconde : nous y suivrons les mêmes divisions ; nous discuterons à part :

Premièrement : La nature des modales.

Secondement : L'opposition et la conversion des propositions, qui sont pour Aristote le fondement de toute sa doctrine sur la modalité.

Troisièmement : Les différentes espèces de démonstrations qu'il propose.

Quatrièmement : Les divers modes syllogistiques qu'il a reconnus.

Nous nous efforcerons, sans manquer de respect à l'autorité d'un si grand nom, et sans trahir les droits de la vérité, qui passent avant ceux d'Aristote, de montrer les côtés faibles de sa doctrine, comme aussi de mettre en relief et de confirmer, à l'aide des ressources de la logique moderne, les découvertes qu'il a pu faire. Fidélité dans l'interprétation, justice dans la critique, voilà nos devoirs. Je vais, pour plus de clarté, reproduire séparément le plan de l'ouvrage et les conclusions auxquelles il doit aboutir.

PLAN DE L'OUVRAGE.

LIVRE PREMIER.

Premièrement : Exposition de la doctrine d'Aristote sur la nature des propositions modales.
Secondement : Critique de cette doctrine.

LIVRE SECOND.

Premièrement : Doctrine d'Aristote sur l'opposition et la conversion des propositions.
Secondement : Critique de cette doctrine.

LIVRE TROISIÈME.

Premièrement : Doctrine d'Aristote sur les diverses méthodes de démonstration des syllogismes.
Secondement : Critique de cette méthode.

LIVRE QUATRIÈME.

Exposition des règles des syllogismes modaux d'après Aristote. Critique et complément de cette doctrine.

RÉSULTAT DE NOTRE TRAVAIL.

J'indique et je résume d'avance le résultat de nos recherches : elles aboutiront aux conclusions suivantes :
1° Les *Premiers Analytiques,* qui contiennent l'en-

semble de la théorie du syllogisme, n'appuient cette théorie sur aucun fondement.

2° L'opposition et la conversion des propositions sur lesquelles il appuie, dans l'*Organon*, toute la démonstration des règles du syllogisme, demeurent elles-mêmes sans démonstration, ou au moins sans une démonstration suffisante.

3° Les trois méthodes qu'Aristote applique à la démonstration des syllogismes sont d'inégale valeur : celle dont il fait usage le plus souvent est la plus mauvaise des trois ; la seconde n'a qu'une valeur médiocre, elle se rencontre fréquemment ; la troisième, qui est la meilleure et peut-être la seule incontestable, n'est employée que fort rarement.

4° Aristote s'est trompé sur la nature des propositions modales : leur essence se définit par la forme et non point, comme il l'a cru, par la matière des arguments.

5° Le détail des règles indiquées par Aristote pour les syllogismes ou figures des propositions modales, doit naturellement prêter le flanc à la critique, puisque sa théorie manque de principe et ses démonstrations de rigueur.

Je m'efforcerai de réfuter les erreurs qu'il a soutenues, et de rétablir les vérités qu'il a omises ou attaquées.

LIVRE PREMIER

PREMIÈRE PARTIE

NATURE DES PROPOSITIONS MODALES D'APRÈS ARISTOTE.

CHAPITRE PREMIER

Place que doit occuper la théorie des propositions modales dans la logique d'Aristote.

Les *Premiers* et les *Seconds Analytiques* ont pour objet la démonstration en tant qu'elle s'accomplit par le syllogisme [1]. Les *Seconds Analytiques* renferment la théorie même de la démonstration [2]; les *Premiers*, la théorie du syllogisme [3].

« Le syllogisme est une forme de raisonnement dans « laquelle, étant posés certains principes, il résulte de

---

[1] Cf. Barthélemy Saint-Hilaire, *Logique d'Aristote*, t. II, préface, 1; Aristote, *Analyt. prior.*, lib. I, cap. I.

[2] Cf. Barthélemy Saint-Hilaire, *Logique d'Aristote*, t. III, préface, 1; Aristote, *Analyt. poster.*, lib. I, cap. I, II; Ibid., lib. II, cap. XIX.

[3] Λέγωμεν ἤδη διὰ τίνων καὶ πότε καὶ πῶς γίνεται πᾶς συλλογισμός· ὕστερον δὲ λεκτέον περὶ ἀποδείξεως· πρότερον δὲ περὶ συλλογισμοῦ λεκτέον ἢ περὶ ἀποδείξεως διὰ τὸ καθόλου μᾶλλον εἶναι τὸν συλλογισμόν· ἡ μὲν γὰρ ἀπόδειξις συλλογισμός τις, ὁ συλλογισμὸς δὲ οὐ πᾶς ἀπόδειξις. (*Analyt. prior.*, lib. I, cap. IV, § 1.)

« ces principes une conséquence qui en est distincte,
« et qui en dérive nécessairement et immédiatement [1]. »
Nous posons une thèse à l'aide d'une proposition : « La
« proposition est une forme du discours par laquelle
« nous affirmons ou nous nions quelque chose de quel-
« que chose [2]. » Les propositions sont affirmatives ou négatives [3], universelles ou particulières [4] ; on les désigne
en logique par les lettres que chacun sait : A, E, I, O [5].

Toute proposition se compose de deux termes [6] :
le sujet et l'attribut, réunis par une copule qui est le
verbe. La logique postérieure à Aristote a donné aussi
au verbe le nom de terme.

Il faut considérer à part dans le syllogisme, et les
propositions qui le composent, et les termes qui composent ces propositions. Les propositions du syllogisme
sont au nombre de trois : elles ont entre elles ce rapport que la dernière, c'est-à-dire la conclusion, vient à
la suite des deux prémisses et qu'elle en dérive. Les deux
prémisses renferment deux fois le même terme, et ce
terme est exclu de la conclusion : on l'appelle *le moyen* [7].

---

[1] Συλλογισμὸς δέ ἐστι λόγος ἐν ᾧ τεθέντων τινῶν ἕτερόν τι τῶν κειμένων ἐξ ἀνάγκης συμβαίνει τῷ ταῦτα εἶναι. (*Analyt. prior.*, cap. 1, § 8.)
Cette division des paragraphes est empruntée à l'édition de M. Barthé-lemy Saint-Hilaire ; je me suis servi de cette édition, seulement pour les œuvres logiques d'Aristote.

[2] Πρότασις μὲν οὖν ἐστι λόγος καταφατικὸς ἢ ἀποφατικὸς τινὸς κατά τινός. (*Analyt. prior.*, lib. I, cap. 1, § 4.)

[3] *Hermen.*, cap. VI.

[4] *Id.*, cap. VII.

[5]   Asserit A, negat E, verum generaliter ambo;
      Asserit I, negat O, sed particulariter ambo.
          Logique de Port-Royal, partie II, ch. III.

[6] Cf. *Analyt. prior.*, lib. I, cap. 1.

[7] Cf. *Analyt. prior.*, lib. I, cap. IV, § 3.

L'union du moyen avec le grand et le petit terme dans les prémisses, détermine la figure du syllogisme; la figure change avec la place du moyen. De la quantité et de la qualité des propositions naissent les différents modes dans chacune des trois figures.

Le premier livre des *Premiers Analytiques* renferme la théorie complète du syllogisme ordinaire [1]. Pour la connaître et pour l'exposer dans tous ses détails, il n'est pas besoin de chercher un autre ordre que celui d'Aristote. Il faut considérer, comme lui, d'abord la conversion et l'opposition des propositions ; en second lieu les différentes espèces de démonstrations du syllogisme ; enfin chacun des modes des trois figures du syllogisme.

Jusqu'ici, il est question seulement des syllogismes dont les propositions indiquent seulement l'attribution ou la non attribution pure et simple [2]. Ce que l'on a déterminé, ce sont seulement les caractères des syllogismes « qui impliquent une affirmation ou une négation « ordinaire [3], dans la même figure, ou dans des figures

---

[1] Je trouve dans le troisième chapitre quelques remarques sur la conversion des propositions modales ; c'est pour obéir encore plus à l'ordre même de la logique qu'à celui de mes idées dans ce travail, que je crois devoir les renvoyer à l'étude spéciale des propositions modales.

[2] *Analyt. prior.*, lib. I, cap. II, § 1.

[3] « Les propositions simples ou absolues, *propositiones puræ* des scolasti-« ques, sont opposées aux modales. Les propositions absolues qui affirment « ou qui nient l'existence, sont appelées *catégoriques* (ou *assertoriques*) par « Kant... » (Voy. *Logique, théorie générale*, chap. II, §§ 25, 30; cf. *Critique de la Raison pure; Logique transcendantale*, Tissot, tome I) « et beaucoup « de logiciens modernes... Dans le langage d'Aristote, la proposition caté-« gorique est l'universelle affirmative. Je continuerai donc d'appeler pro-« position absolue, celle qu'il désigne par proposition d'être. » (Barthélemy

« différentes [1]. » — « Mais autre chose est l'attribution
« pure et simple, l'attribution nécessaire, l'attribution
« contingente… Il est manifeste… que les syllogismes
« diffèrent suivant la nature même des propositions
« qui les constituent; les termes qui entrent dans
« chacune de leurs propositions n'ont point entre
« eux les mêmes rapports. Ces rapports sont tantôt
« nécessaires, tantôt simplement affirmatifs, tantôt
« contingents [2]. »

La détermination des lois qui président à ces rapports constituent, à proprement parler, la théorie des modales. Pour plus de clarté, nous suivrons d'abord les traces d'Aristote, et nous ferons connaître, avec quelques détails, la définition qu'il en donne.

Saint-Hilaire, *ad Analyt. prior.*, lib. I, cap. II, § 1; *Traduction de la Logique d'Aristote*, tom. II, p. 6.)

« On ne trouvera pas dans tout l'*Organon* un seul passage où *catégorique*
« soit pris en opposition d'*hypothétique* (ἐξ ὑποθέσεως); il n'y a pas un seul
« passage où il ne soit évidemment employé dans le sens d'affirmatif, comme
« synonyme de καταφατικός, et opposé à ἀποφατικός et στερητικός. Et cette
« induction n'est pas hasardée : car dans les *Premiers Analytiques* seule-
« ment, le mot se rencontre au moins quatre-vingt-cinq fois. » (*Fragments
de Philosophie* de William Hamilton, traduits par M. L. Peisse; *Logique*,
p. 237.)

« Nec usquam in Aristotele syllogismus categoricus opponitur hypothe-
« tico. » (Vossius, *de Logices et Rhetorices natura et constitutione*, cap. VIII,
§ 8.)

[1] *Analyt. prior.*, lib. I, cap. VII, § 13.

[2] Ἕτερόν ἐστιν ὑπάρχειν καὶ ἐξ ἀνάγκης ὑπάρχειν, καὶ ἐνδέχεσθαι ὑπάρχειν…
δῆλον ὅτι καὶ συλλογισμὸς ἑκάστου τούτων ἕτερος ἔσται, καὶ οὐχ ὁμοίως ἐχόν-
των τῶν ὅρων, ἀλλ' ὁ μὲν ἐξ ἀναγκαίων, ὁ δ' ἐξ ὑπαρχόντων, ὁ δ' ἐξ ἐνδεχομένων. (*Analyt. prior.*, lib. I, cap. VIII, § 1.)

CHAPITRE II

Définition des modales d'après Aristote.

« Toute énonciation est ou une proposition pure
« et simple, semblable à celle-ci : Cet homme court ;
« ou une proposition modifiée, semblable à celle-ci :
« Il est possible que cet homme courre... Une propo-
« sition modifiée, comparée à la proposition pure et
« simple, renferme une modalité [1]. La modalité d'une
« proposition indique de quelle façon l'attribut se rap-
« porte au sujet [2] : par exemple si je dis : Socrate court
« avec rapidité, j'indique de quelle façon, de quelle ma-
« nière, suivant quel *mode* Socrate court [3]. Il y a deux

[1] « Propositionum aliæ sunt quæ simpliciter proferuntur, aliæ quibus ali-
« quis modus in enuntiatione miscetur. Si quis enim dicat : Socrates dispu-
« tat, simplicem propositionem fecit ; si vero aliquis dicat : Socrates bene
« disputat, modum propositioni quam enuntiabat adjunxit, quomodo enim
« disputaret apposuit, quum dixit bene. » (Aniti Manlii Severini Boethi
Opera omnia, Basileæ, ex officina Henricpetrina ; *in librum de Interpretatione Commentaria minora*, lib. II, p. 266.)

[2] « Est autem (modus) determinatio adjacens rei quæ quidem fit per ad-
« jectionem nominis adjectivi, quod determinat substantivum, ut, quum
« dicitur : homo est albus, vel per adverbium quod determinat verbum,
« ut : homo currit bene. » (D. Thomæ Aquinatis tomus XVII (edit. An-
tuerpiæ, curabat R. P. F. Cosma Morelles, ordinis Prædicatorum, etc.,
apud Joannem Keebergium, anno 1612), opusculum XI, *de Propositionibus
modalibus*, p. 226, A.)

[3] « Dicimus ergo quod dupliciter dicitur enuntiatio modalis, scilicet a
« modo compositionis et a modo rei prædicatæ. A modo autem rei prædi-
« catæ ut quando dicitur : Sortes legit bene, vel alte, vel male, et hic mo-
« dus, quia non modificat totam enuntiationem, sed tantum rem prædicati,
« non potest facere totam enuntiationem modalem. Est autem modus com-
« positionis qui specialis modus est dispor...ns, et in formam specialem po-
« nens compositionem, sicut possibile, contingens, necessarium et impossi-

« sortes de modalités : la première s'exprime par un
« adverbe et ne change point la forme grammaticale
« de la proposition ; celle-ci devient proposition mo-
« dale, de proposition pure qu'elle était, seulement par
« l'adjonction de cet adverbe. Exemple : Cet homme
« court, cet homme court rapidement ; l'animal res-
« pire, l'animal respire nécessairement. La seconde
« espèce de modalité ne peut affecter l'énonciation
« pure et simple qu'à la condition d'en changer l'ex-
« pression grammaticale, et de transformer l'indicatif
« de la proposition en un infinitif, ou un mode subor-
« donné. Exemple : Cet homme court ; il est possible
« que cet homme courre [1]. » Dans les propositions
pures et simples, l'attribut qui est affirmé ou nié du
sujet se trouve uni à ce sujet par le verbe être ou
n'être pas [2]. Exemple : cet homme est blanc ; l'homme
n'est pas l'animal. Dans les propositions modales, au
contraire, l'attribut et le verbe lui-même [3] « jouent
« ensemble le rôle de sujet [4], et la modalité joue celui

« bile, verum et falsum. » (Beati Alberti Magni *Opera omnia* in lucem
edita studio R. D. P. S. Petri Jammy, sacræ theologiæ doctoris, etc., Lugduni, 1651, tomus I ; *peri Hermeneias*, lib. II, tractatus II, cap. 1, p. 278.)

[1] Julii Pacii *In Porphyrii Isagogen et Aristotelis Organon Commentarius
analyticus* ; anno 1605 ; in cap. XII *de Interpr.*, p. 96.

[2] *De Interpr.*, cap. VIII, § 1.

[3] Ἐνταῦθα τὸ μὲν εἶναι καὶ μὴ εἶναι ὡς ὑποκείμενον γίνεται... καὶ καθόλου
δέ, ὥσπερ εἴρηται, τὸ μὲν εἶναι καὶ μὴ εἶναι δεῖ τιθέναι ὡς τὰ ὑποκείμενα.....
(Περὶ Ἑρμην., κεφ. XII.)

« En effet, c'est la modification qui est le véritable attribut, malgré l'ap-
« parence contraire, et le sujet se compose du verbe être ou ne pas être,
« combiné avec d'autres termes. » (Barthélemy Saint-Hilaire, *Plan de
l'Herménia, Logique d'Aristote*, tom. I, p. 142, 143.)

[4] « Si autem quæritur quid sit prædicatum in enuntiatione modali dici-
« mus cum Boetio et Alpharabio, quod modus est prædicatum inesse, et

« d'attribut. Exemple : Que Socrate courre est chose
« possible : *Socratem currere est possibile*[1]. » Les propositions modales sont donc les propositions dans lesquelles l'attribut souffre une modification ou reçoit une modalité quelconque[2].

Il résulte de cette définition suffisamment entendue qu'il y a plusieurs espèces de modales. Aristote n'en considère que deux dans les *Premiers Analytiques*[3] : le nécessaire et le contingent. Dans son livre de l'*Interprétation*, il en étudie quatre : à savoir, le possible, le contingent, l'impossible et le nécessaire[4] ; et même six, en ajoutant aux précédents le vrai et le faux[5].

Si toute proposition est modale dont l'attribut est affecté d'une modalité quelconque, il est évident que les espèces de propositions modales sont en plus grand nombre qu'Aristote ne l'a dit dans les ouvrages ci-dessus indiqués[6]. Il n'y en a pas seulement quatre ou six en tout ; il en est d'autres dont nous nous servons journellement : « autant d'adverbes, autant de mo-

---

« esse vel non esse subjecta sunt ut patet quum dicitur: « Socratem currere
« est possibile; » quia accusativus casus cum infinitivo reddunt suppositum
« huic verbo, est. » (Beati Alberti Magni, l. I, p. 279.)

[1] D. Thomas, *de Modalibus*, p. 226, D.

[2] Barthélemy Saint-Hilaire, *ad Aristot. de Interpret.*, cap. xii, § I, t. I, p. 185.

[3] Cap. viii, 23.

[4] Σκεπτέον ὅπως ἔχουσιν αἱ ἀποφάσεις καὶ καταφάσεις πρὸς ἀλλήλας αἱ τοῦ δυνατὸν εἶναι καὶ μὴ δυνατόν, καὶ ἐνδεχόμενον καὶ μὴ ἐνδεχόμενον, καὶ περὶ ἀδυνάτου τε καὶ ἀναγκαίου. (Περὶ Ἑρμην., κεφ. xii; cf. κεφ. xiii.)

[5] Ταύτας οἴεσθαι χρὴ εἶναι τὰς ἀντικειμένας φάσεις, δυνατόν — οὐ δυνατόν, ἐνδεχόμενον — οὐκ ἐνδεχόμενον, ἀδύνατον — οὐκ ἀδύνατον, ἀναγκαῖον — οὐκ ἀναγκαῖον, ἀληθές — οὐκ ἀληθές. (Περὶ Ἑρμην., κεφ. xii; cf. D. Thomas, t. I, p. 226, B.; Albertum M., l. I, p. 278.)

[6] Cf. *Analyt. prior.*, lib. I, cap. xlvi, § 10.

« dalités portant sur le verbe. Exemple de semblables
« constructions : Il est bien de défendre la vérité, Il est
« bon de consoler les malheureux[1]. » Aristote l'a dit
lui-même par deux fois : « Il faut aussi considérer les
« autres modes d'attribution[2], » et par ces mots il a
voulu désigner « l'évident, le beau, l'utile, le louable
« et les autres qualifications de cette espèce. » Aristote
aurait dit en effet, d'après le témoignage de Philopon,
que « le nombre des modalités est infini[3]. »

On est ainsi conduit à se demander pourquoi Aristote a laissé de côté un si grand nombre de modalités,
et pourquoi il s'en est tenu au petit nombre de celles
que nous avons indiquées. L'opinion des commentateurs est que cette multitude de propositions modales

---

[1] Petri Rami Veromandui *Aristotelicæ Animadversiones*, Parisiis, 1543,
p. 36.

« On peut en effet concevoir des modes à l'infini, comme, par exemple,
« le *certain*, le *probable*, l'*utile*, le *bon*, le *juste*, etc. » (Hamilton, trad.,
p. 227.)

[2] *Analyt. prior.*, lib. I, cap. xxiv, § 3; cf., ibid., ibid., cap. xxix,
§ 11.

[3] Τουτέστιν τῶν λοιπῶν τρόπων, τοῦ σαφῶς, τοῦ καλῶς, τοῦ ὠφελίμως, τοῦ
ἐπαινετῶς, καὶ τῶν τοιούτων· ἐλέγετο γάρ, ἀπείρους εἶναι τρόπους. (Johannis
Philoponi *Commentaria*, ed. Venet., 1536, in-fol., fo 75 b.)

... Ἐνδείξασθαι ἡμῖν βουλόμενος ὡς εἰσὶ μὲν καὶ ἄλλοι ἀναρίθμητοι τρόποι
παρὰ τοὺς εἰρημένους τέσσαρας. (Ammonius Hermias, *in librum Aristotelis
de Interpretatione Commentaria*, ed. Venet., 1545, fo 184 b., *ad Aristotel.
de Interpr.*, cap. xii, § 9.)

« Innumerabiles modi sunt, ut : Parentes colere sanctum est; suum
« cuique tribuere justum est; Socrates disputat sapienter; Zeno respondet
« subtiliter, Alexander præliatur fortiter, et similia; denique ex omnibus
« fere et nominibus et adverbiis, modos ejusmodi liceat enuntiationi ad-
« dere, ad significandum quomodo categorema in subjecto insit, ut : Agit
« bene; incedit oblique; scribit docte, et similia; ne quid hic magnæ rei
« vel novæ disputari videatur. » (Audomari Talæi *Prælectiones in Dialectica
Petri Rami libros duos*, Parisiis, apud Andream Wechelum, 1566, lib. II,
p. 251.)

a effrayé le philosophe et lui a fait craindre de tomber dans des détails dont il n'aurait pu voir la fin. Ils disent encore qu'Aristote a cru devoir s'attacher seulement, parmi les différentes espèces de modales, à celles qui pouvaient plus spécialement diviser les philosophes et les inviter à la discussion, les autres espèces lui paraissant s'expliquer d'elles-mêmes [1]. Je ne crois pas devoir m'en tenir à ces explications des commentateurs ; je tâcherai de découvrir dans l'essence même des propositions modales une explication plus profonde, qui s'est dérobée à Aristote lui-même. Nous la retrouverons dans la seconde partie de cet ouvrage, alors que nous en serons, non plus à l'exposition des théories, mais à leur critique.

Je ne voudrais pas terminer ce chapitre sans prévoir une objection.

On peut soutenir une thèse différente de la nôtre.

On peut, sinon contester, au moins interpréter autrement les passages des *Analytiques* que nous avons cités, et particulièrement le second.

On peut ajouter qu'Alexandre d'Aphrodise dans la scolie qu'il a donnée sur ce passage (41 B, 31, f° 90) ne dit rien qui suppose la doctrine des autres commentateurs cités par nous.

Il en résulterait que, si Aristote n'a point défini les modales autrement que nous ne l'avons fait, il n'aurait point serré sa pensée d'aussi près que nous le lui avons

---

[1] Joachimi Perionii Benedictini Cormœriaceni *pro Aristotele in Petrum Ramum orationes duæ*, Parisiis, 1543, Oratio prima, p. 64.

attribué, et qu'il serait demeuré dans une certaine incertitude.

Je m'en tiens à ce que j'ai dit et au parti que j'ai cru devoir prendre. L'étude si ample qu'Aristote va faire des syllogismes modaux ne permet pas de penser qu'il n'eût pas arrêté sa doctrine sur ce point. A défaut d'explications catégoriques de sa part, le témoignage unanime de son école, où l'on a si peu inventé, où chaque commentateur a signalé, avec tant de soin, tout écart et toute innovation quand il s'agissait de la parole du *maître*, me paraît suffire pour justifier mon choix. L'érudition peut s'abstenir, la philosophie doit se prononcer, comme dans la vie civile un citoyen peut se taire et n'avoir pas d'avis, tandis qu'un juré est tenu d'émettre un verdict.

CHAPITRE III

Définition de chacune des différentes espèces de modales admises par Aristote.

Aristote a sans doute nommé quatre, et même six espèces de propositions modales dans son livre sur l'*Interprétation*, et il n'a rien changé à ce nombre lorsqu'il a cherché l'ordre, ou plutôt, pour me servir du terme particulier qu'il emploie, la *consécution* de ces modales[1]. Toutefois dans les *Premiers Analytiques*, on ne trouve pas qu'il soit question jamais de plus de

---

[1] *De Interpret.*, cap. XIII.

deux espèces de modalités : le nécessaire et le contingent ou possible [1]. Ces deux dernières modalités, à savoir le contingent et le possible, sont pour Aristote une seule et même espèce ; ils peuvent être pris pour équivalents l'un de l'autre [2], il n'y a point entre eux de différence [3]. C'est à ce point que M. Barthélemy Saint-Hilaire, dont le nom seul fait autorité, a cru pouvoir, dans sa traduction de l'*Organon*, ne point tenir compte de la différence des deux mots grecs δύνασθαι et ἐνδέχεσθαι ; il fait remarquer lui-même qu'il s'est donné toute licence de les traduire l'un et l'autre par le même mot français [4].

S'il en est ainsi, il nous suffira de définir, l'un après l'autre, le nécessaire [5] et le contingent [6], puisque le mélange du contingent et du nécessaire est seul étudié dans les *Premiers Analytiques*.

[1] Πρότασίς ἐστιν ἢ τοῦ ὑπάρχειν, ἢ τοῦ ἐξ ἀνάγκης ὑπάρχειν, ἢ τοῦ ἐνδέχεσθαι ὑπάρχειν. (*Analyt. prior.*, lib. I, cap. II, § 1 ; cf., ibid., ibid., cap. VIII, § 1.)

[2] Τῷ μὲν γὰρ δυνατὸν εἶναι (ἀκολουθεῖ) τὸ ἐνδέχεσθαι εἶναι, καὶ τοῦτο ἐκείνῳ ἀντιστρέφει. (*De Interpr.*, cap. XIII, § 1.)

[3] Διὰ τούτων ταὐτὸν φθέγγεσθαι τό τε δυνατὸν καὶ τὸ ἐνδεχόμενον ἀπαραλλάκτως τιθέμενος· δηλοῖ μὲν οὐ μόνον τῷ δυνατὸν εἶναι ἕπεσθαι φάσκων τὸ ἐνδεχόμενον εἶναι, ἀλλὰ προστίθησι « καὶ τοῦτο ἐκείνῳ ἀντιστρέφει. » (Ammonius Hermias, fo 185.)

[4] « J'ai substitué souvent le mot de *possible*, comme plus clair, à celui de *contingent*. » (Barthélemy Saint-Hilaire, *ad Arist. Analyt. prior.*, lib. I, cap. III, § 5, tr., tom. II, p. 9.)

« J'ai préféré souvent, dans ce chapitre et ailleurs, le mot *possible* au
« mot *contingent*, parce qu'il est plus clair, et surtout parce qu'il se prête
« mieux aux diverses locutions dont il est fait usage dans toute cette théo-
« rie. Aristote lui-même autorise ce changement. » (Barthélemy Saint-Hilaire, *ad Arist. Analyt. prior.*, lib. I, cap. XIII, § 1, tr., tom. II, p. 54.)

[5] *Analyt. prior.*, lib. I, cap. VIII-XII.

[6] Ibid., ibid., cap. XIII-XXII.

I. Définition du contingent ou du possible.

« Toute proposition contingente ou possible, est dite
« possible ou contingente dans un sens qui peut dif-
« férer [1]. » Est également possible et ce qui est et ce
qui peut être. Nous suivrons cette division.

Ce qui est effectivement peut être considéré comme
étant nécessairement, ou comme étant purement et
simplement [2]. Exemples : « Dieu est bon, » mais il
est bon d'une façon nécessaire. « Pierre est assis, »
mais il est assis aussi longtemps qu'il reste dans cet
état ; il n'est en aucune façon nécessaire que Pierre
soit assis. D'un autre côté, il ne saurait être, ni que
Dieu soit bon, ni que Pierre soit assis, si l'une et
l'autre affirmation n'étaient dans l'ordre des possibilités. On a donc raison de dire que ce qui est, est
possible ; si ce qui est n'était pas possible, cela ne
serait pas. Il est inutile d'insister.

Ici le mot contingent ou possible n'est plus pris
dans sa signification propre : « ce n'est que par *homo-*

---

[1] Ἐπὶ δὲ τῶν ἐνδεχομένων, ... πολλαχῶς λέγεται τὸ ἐνδέχεσθαι, καὶ γὰρ τὸ ἀναγκαῖον, καὶ τὸ μὴ ἀναγκαῖον, καὶ τὸ δυνατὸν ἐνδέχεσθαι λέγομεν. (*Analyt. prior.*, lib. I, cap. iii, § 5.)

[2] *Analyt. prior.*, lib. I, cap. xv, § 7 :

Εἴπομεν γὰρ πολλάκις ὅτι τὸ δυνατὸν καὶ τὸ ἐνδεχόμενον φέρεται καὶ ἐπὶ τοῦ ἀναγκαίου, καὶ ἐπὶ τοῦ ὑπάρχοντος. (Johannis Philoponi *Commentaria*, ed. Venet., 1536, fᵒ 43.)

Τὸ μὲν οὖν δυνατόν, ἕνα μὲν τρόπον, τὸ μὴ ἐξ ἀνάγκης ψεῦδος σημαίνει, ἕνα δὲ τὸ ἀληθὲς εἶναι, ἕνα δὲ τὸ ἐνδεχόμενον ἀληθὲς εἶναι. (*Metaphys.*, lib. (IV) V, cap. xii.)

Δεῖ δὲ τὸ ἐνδέχεσθαι λαμβάνειν μὴ ἐν τοῖς ἀναγκαίοις, ἀλλὰ κατὰ τὸν εἰρημένον διορισμόν. (*Analyt. prior.*, lib. I, cap. xiv, § 12 ; cf. Boethi *in librum de Interpretatione Commentaria minora*, lib. II, p. 280.)

nymie que le nécessaire est dit possible [1]. » Cette façon de s'exprimer n'a ici qu'une portée purement logique. C'est par la considération du futur que se définit spécialement le possible.

Ici se place la célèbre question des futurs contingents. Ce problème était loin d'être nouveau au temps d'Aristote, et après lui il a été l'occasion des théories les plus diverses. La grande préoccupation d'Aristote a été de sauver la liberté humaine des atteintes de la fatalité [2] : « Est possible, dit-il, tout ce qui peut arriver, si rien ne « vient y mettre obstacle, alors même que cela n'arrive- « rait pas [3]. » Il faisait allusion à deux opinions également erronées qui avaient cours dans l'école de Mégare, et qui avaient pour auteurs, l'une Diodore, l'autre Philon.

Diodore ne comptait au nombre des possibles que les événements actuellement existant ou qui devaient infailliblement se réaliser. Suivant lui, je ne puis affirmer ma présence, soit actuelle, soit future, dans la ville de Corinthe, si je ne suis maintenant dans l'enceinte de ses

---

[1] Τὸ γὰρ ἀναγκαῖον ὁμονύμως ἐνδέχεσθαι λέγομεν. (*Analyt. prior.*, lib. I, cap. XIII, § 2.)

[2] Παραδοὺς ἡμῖν διὰ τῶν προλαβόντων ὅσα ἕπεται ἀδύνατα τοῖς ἀναιροῦσι τὸ ἐνδεχόμενον, ὅτι τὸ μάτην βουλεύεσθαι, μάτην ἐγχειρεῖν ὅλως ταῖς πράξεσι, καὶ ὅσα τούτοις ἐστὶν ἀκόλουθα, οἷον τὸ μάτην αἰτιᾶσθαί τινας ὡς συμπράττοντας ἡμῖν ἢ ἀντιπράττοντας, μάτην ἐπαινεῖν τινας ὡς ἀγαθούς, ἢ ψέγειν ὡς κακούς, καὶ ὀνόματα κενὰ εἶναι τὰ πολυθρύλλητα ταῦτα, τὴν ἀρετὴν καὶ τὴν κακίαν (ποῦ γὰρ οἷόν τε ταῦτα χώραν ἔχειν, μηδενὸς ὄντος ἐφ' ἡμῖν, ἀλλ' ἐξ ἀνάγκης ἡμῶν)... (Ammonius Hermias, f° 120; cf. *de Interpret.*, cap. IX, § 7.)

[3] Δυνατὸν γὰρ καὶ τὸ οἷόν τε γενέσθαι ἀκώλυτον ὄν, κἂν μὴ γένηται (Alexander Aphrodisiensis, f° 59 b.)

... Τῷ μὲν ὀνόματι τοῦ ἐσομένου ἐπὶ τοῦ μήπω μὲν ἐκβεβηκότος, δυναμένου δὲ ἐκβῆναι, εἰ μή τι κωλύσει, κοινότερον νῦν χρησάμενος Ἀριστοτέλης. (Ammonius Hermias, f° 120.)

Ὁ μήπω μὲν ἐξέβη, δύναται δὲ ἐκβῆναι. (Johannes Philoponus, f° 48.)

murailles, ou si, en effet, je ne dois point visiter cette cité : je ne puis point dire que cet enfant deviendra un grammairien, s'il n'est absolument certain qu'il le deviendra réellement [1]. Philon, au contraire, appelait possible tout ce qui, considéré par rapport à sa réalisation future, est conçu comme pouvant arriver, alors même qu'un obstacle dirimant mettrait obstacle à tout jamais à cette réalisation. Il est dans l'ordre des choses possibles qu'une coquille, située au plus profond des mers, soit aperçue par un passant ; cependant la hauteur des flots qui ne cessent de la recouvrir, défend et défendra toujours de l'apercevoir [2]. Il est possible que des brins de paille séparés les uns des autres soient consumés par les flammes ; toutefois, aussi longtemps qu'ils demeureront séparés, ils éteignent le feu au lieu de le nourrir. Il en va de même de la paille amassée en tas ; il est possible de concevoir qu'elle soit entièrement consumée, toutefois la flamme n'en saurait venir à bout, aussi longtemps qu'elle demeurera en un monceau [3].

Aristote s'est maintenu entre ces deux définitions extrêmes, et cette réserve l'a sauvé des subtilités de l'école de Mégare [4]. Si le possible est en effet ce qui

---

[1] ...Ὃν ἢ ἐσόμενον πάντως δυνατὸν μόνον ἐκεῖνος (Διώδορος) ἐτίθετο· τὸ γὰρ ἐμὲ ἐν Κορίνθῳ γένεσθαι δυνατὸν κατ' αὐτὸν, εἰ εἴην ἐν Κορίνθῳ ἢ πάντως μέλλοιμι γένεσθαι· εἰ δὲ μὴ γενοίμην, οὐδὲ δυνατὸν ἦν· καὶ τὸ παιδίον γένεσθαι γραμματικὸν δυνατόν, εἰ πάντως ἔσοιτο. (Alexander Aphrodisiensis, f° 59 b ; cf. Joh. Phil., f° 43 ; Boethi *Commentar. in librum Aristotelis de Interpretatione*, Venet., 1566, in-fol., p. 864-899 ; cf. C. Mallet, *Histoire de l'école de Mégare, Diodore Cronus*, p. 117.)

[2] Joh. Phil., f° xliii.

[3] Alex. Aphr., f° 59 b. Cf. Ciceron., *de Fato*, cap. vi.

[4] Cf. *Metaphys.*, lib. (VIII) IX, cap. iii.

peut arriver, alors même que cela n'arriverait pas, la liberté est sauvée et les différentes espèces du possible se définissent aisément.

Le possible considéré par rapport à l'avenir, se divise en trois espèces distinctes :

Premièrement : Si l'événement futur est nécessaire, à plus forte raison peut-on le qualifier de possible ;

Secondement : Si l'événement futur demeure incertain, de telle sorte qu'il soit absolument impossible de prévoir s'il doit ou non se réaliser, l'une et l'autre des deux alternatives sont dites également possibles ;

Troisièmement : Si l'incertitude cesse d'être absolue, si nous avons quelque motif de prévoir la réalisation de l'une des deux alternatives, nous affirmons que la réalisation de cette alternative est probable, et nous l'appelons contingente ou possible.

Quelques exemples rendront plus claires ces diverses distinctions.

Premièrement, il arrivera demain comme aujourd'hui, que ma main accusera une impression de froid au contact de la neige, ou de chaleur aux approches du feu ; ce fait est la conséquence nécessaire de l'essence attribuée à la neige ou à la flamme [1]. Il n'en est pas ainsi seulement des objets inanimés : dans la plupart de leurs actes, les animaux paraissent également conduits par des instincts qui deviennent pour eux la

---

[1] Τὸ πῦρ οὐ δυνατὸν θερμαίνειν καὶ μὴ οὐδ' ὅσα ἄλλα ἐνεργεῖ ἀεί. (*De Interpret.*, cap. XIII, § 10.)

Αἱ ἄλογοι (ἀρχαί) μία ἑνός, οἷον τὸ θερμὸν τοῦ θερμαίνειν μόνον..... τὸ μὲν ὑγιεινὸν ὑγιείαν μόνον ποιεῖ καὶ τὸ θερμαντικὸν θερμότητα, καὶ τὸ ψυκτικὸν ψυχρότητα. (*Metaphys.*, lib. (VIII) IX, cap. II.)

loi de la nécessité. « Une hirondelle fait son nid, et dans
« le même temps où elle le construit, une seconde le
« construit comme elle, et vous n'en trouveriez aucune
« qui, à la même époque, ne s'en occupe pareillement[1]. »
C'est donc à juste titre que ces événements, et tous les
événements pareils, sont qualifiés par nous de possibles, puisqu'ils doivent en effet se réaliser, et qu'ils
dérivent, comme une conséquence nécessaire, de l'essence même ou de la nature des choses. Je fais remarquer encore une fois que cette définition du mot *possible* ne représente point son sens propre, lorsque nous
l'appliquons à la prévision des événements futurs.

Secondement, est possible tout événement incertain
et dont nous ne pouvons dire en aucune manière s'il
doit ou non se réaliser. Il faut ici considérer séparément
les événements qui doivent leur origine à un ordre de
la volonté, et les événements qui naissent d'une rencontre du hasard : les uns et les autres sont dits contingents ou possibles.

*Première hypothèse : événements qui naissent de la vo-
lonté.* — « Les causes intelligentes renferment en elles-
« mêmes des alternatives diverses et contraires[2]. » Il
nous appartient de vouloir, ou de ne vouloir pas; et
lorsque nous voulons, de choisir tel ou tel parti. C'est
donc à bon droit que l'issue de notre délibération

---

[1] Albert le Grand, tr. II. *peri Herm.*, cap. vi, p. 285 b.

[2] Αἱ μὲν οὖν μετὰ λόγου δυνάμεις αἱ αὐταὶ πλειόνων καὶ τῶν ἐναντίων. (*De Interpret.*, cap. xiii, § 10.)

Καὶ αἱ μὲν (δυνάμεις) μετὰ λόγου πᾶσαι τῶν ἐναντίων αἱ αὐταί. (*Metaphys.*, ib. (VIII) IX, cap. ii.)

est regardée comme incertaine, et qu'on appelle simplement possible ce que le pouvoir de la liberté humaine rend en effet douteux.

Seconde hypothèse : faits qui naissent du hasard. — Le possible n'est pas tout entier compris dans les actes du libre arbitre. « Il y a des causes, non intelligentes, qui « sont cependant capables de subir des effets opposés[1]. » — « Les objets inanimés ont évidemment des capacités « passives[2], qui les rendent susceptibles de recevoir pa- « reillement les contraires : par exemple, il est également « possible qu'un vêtement soit coupé en deux et qu'il ne « le soit pas[3]. Les animaux qui n'ont point la même intel- « ligence que nous, n'obéissent point à des principes « d'action absolument simples, et enchaînés pour ainsi « dire à des lois nécessaires semblables à celles qui ré- « sultent de l'essence de la neige ou du feu. Vous pouvez « dire avec une égale probabilité qu'un chien se mettra « en mouvement ou qu'il demeurera immobile, puisqu'il « suit seulement l'impulsion fortuite d'un caprice[4]. »

Troisièmement : Nous venons de parler des événements « qui peuvent avoir diverses issues, et à l'égard

---

[1] Ἔνια μέντοι δύναται καὶ τῶν κατὰ τὰς ἀλόγους δυνάμεις ἅμα τὰ ἀντικείμενα δέξασθαι. (*De Interpret.*, cap. xii, § 8.)

[2] Cf. *Metaphys.*, lib. (IV) V, cap. xii.

[3] Δοκεῖ δὲ τὸ αὐτὸ δύνασθαι καὶ εἶναι καὶ μὴ εἶναι· πᾶν γὰρ τὸ δυνατὸν τέμνεσθαι ἢ βαδίζειν καὶ μὴ βαδίζειν καὶ μὴ τέμνεσθαι δυνατόν. (*De Interpr.*, cap. xii, § 8.) Cf., id., cap. ix, §§ 10, 11, 13.

[4] Τῶν τε γὰρ ἀψύχων αἱ παθητικαὶ δυνάμεις ἐναργῶς ἐπαμφοτερίζουσιν, οἷον τὸ ἱμάτιον διατμηθῆναί τε καὶ μὴ διατμηθῆναι ὁμοίως δυνατόν· καὶ τῶν ἀλόγων ζῴων αἱ ποιητικαὶ οὐκ εἰσὶ μονήρεις καὶ κατηναγκασμέναι ὥσπερ ἐπὶ τοῦ πυρὸς καὶ τῆς χιόνος ἐλέγομεν· βαδίσαι γὰρ φέρε εἰπεῖν δυνάμενος ὁ κύων δύναται καὶ μὴ βαδίσαι, ταῖς προσπιπτούσαις αὐτῷ φαντασίαις ἑπόμενος. (Ammonius Hermias, fᵒ 198 b.)

« desquels nous n'avons pas plus le droit d'affirmer que
« de nier ; » il nous reste à considérer les événements
« dans lesquels l'une des deux alternatives a plus de
« chances de se réaliser, et se réalise en effet le plus
« souvent[1]. » Cette dernière espèce de contingence suit
ordinairement de l'ordre même de la nature. « C'est
« ainsi qu'il arrive à l'homme de blanchir, de croître, de
« dépérir, de subir en un mot tous les changements qui
« dépendent de sa nature physique. Il n'y a pas là de
« nécessité absolue, puisque l'homme n'est pas pour
« durer toujours ; mais, du moment que l'homme existe,
« ces changements sont ou nécessaires ou tout au moins
« probables[2]. De même, si tous les hommes absolu-
« ment n'ont pas de la barbe, le plus grand nombre
« d'entre eux en a[3]. On ne peut concevoir que la
« science, ou le syllogisme démonstratif, ait pour objet
« le pur indéterminé, parce que le moyen terme ne saurait
« établir de liaison réelle entre les extrêmes. Mais la
« science comme le raisonnement peuvent prendre pour
« objet les effets réguliers de la nature : on peut discuter
« et conclure dans cet ordre de contingents[4]. » Cette

[1] Τὰ μὲν ὁπότερ' ἔτυχε, καὶ οὐδὲν μᾶλλον ἢ κατάφασις καὶ ἡ ἀπόφασις, ἀλη-
θής, τὰ δὲ μᾶλλον μὲν καὶ ὡς ἐπὶ τὸ πολὺ θάτερον. (*De Interpr.*, cap. IX, § 11.)

[2] Ἕνα μὲν (τρόπον τοῦ ἐνδέχεσθαι) τὸ ὡς ἐπὶ τὸ πολὺ γίγνεσθαι, καὶ διαλεί-
πειν τὸ ἀναγκαῖον, οἷον τὸ πολιοῦσθαι ἄνθρωπον, ἢ τὸ αὐξάνεσθαι, ἢ φθίνειν, ἢ
ὅλως τὸ πεφυκὸς ὑπάρχειν · τοῦτο γὰρ οὐ συνεχὲς μὲν ἔχει τὸ ἀναγκαῖον διὰ τὸ
μὴ ἀεὶ εἶναι ἄνθρωπον, ὄντος μέντοι ἀνθρώπου, ἢ ἐξ ἀνάγκης, ἢ ὡς ἐπὶ τὸ πολύ
ἐστιν. (*Analyt. prior.*, lib. I, cap. XIII, § 5.)

[3] Οὐ πᾶς ἄνθρωπος ἄρρην τὸ γένειον τριχοῦται, ἀλλ' ὡς ἐπὶ τὸ πολύ. (*Analyt.
post.*, lib. II, cap. XII, § 14.) Cf. *Analyt. prior.*, lib. I, cap. XVII, § 12.

[4] Ἐπιστήμη δὲ καὶ συλλογισμὸς ἀποδεικτικὸς τῶν μὲν ἀορίστων οὐκ ἔστι διὰ
τὸ ἄτακτον εἶναι τὸ μέσον, τῶν δὲ πεφυκότων ἐστί, καὶ σχεδὸν οἱ λόγοι καὶ αἱ
σκέψεις γίνονται περὶ τῶν οὕτως ἐνδεχομένων. (*Analyt. prior.*, lib. I, cap. XIII,
§ 7.)

dernière espèce de possible doit être pour nous l'objet d'une attention spéciale ; elle constitue surtout le syllogisme modal, puisqu'on ne peut construire de syllogisme avec le possible absolument indéterminé [1].

II. Définition du *nécessaire*.

Le nécessaire s'offre à nous sous un aspect triple. On désigne par ce mot :

Premièrement : Ce qui dans l'avenir doit se réaliser nécessairement;

Secondement : Ce qui existe en effet, mais seulement au moment où l'on parle;

Troisièmement : Ce qui au point de vue de l'absolu et de l'éternel, a été, est, et doit être nécessairement.

Premièrement.

Je crois devoir, au début de cette exposition, rappeler que je me borne à exposer d'abord la doctrine d'Aristote, sans y ajouter de commentaire ou de critique. Sous le bénéfice de cette observation, je continuerai mon développement.

Au point de vue de l'avenir, il y a deux sortes de nécessités. Je les expliquerai par les termes mêmes dont se sert la métaphysique d'Aristote. « Si l'en-« semble des êtres forme un tout, la substance en est le « fondement véritable... Aucun phénomène ne peut « être considéré comme véritablement séparable de

---

[1] Cf. *Analyt. prior.*, lib. I, cap. xv, § 23 ; id., cap. xviii, § 10 ; id. cap. xix, § 14 ; id., cap. xx, § 10 ; id., cap. xxi, § 7.

« cette substance[1]. » — « Il y a trois sortes de sub-
« stances : une substance sensible, dont une espèce
« est éternelle ; une substance périssable (dans sa
« forme) sur laquelle tout le monde est d'accord, ce
« sont par exemple les plantes et les animaux ; enfin
« une substance éternelle et qui par sa nature de-
« meure immobile[2]. » L'étude de cette dernière substance appartient à la philosophie première ; l'étude
des deux autres à la physique. Les réalités sensibles
sont sujettes au mouvement ; le mouvement engendre
la succession des phénomènes. Ainsi commence ce qui
n'était pas auparavant, ainsi disparaît ce qui nous avait
d'abord apparu. Dans l'ordre des réalités sensibles, il
n'y en a aucune qui nous apparaisse comme un acte
parfait, et, pour me servir de l'expression du philosophe grec, elles sont *en puissance* à un certain degré,
et cette *puissance* devient le fondement de la réalisation
des possibilités. Non-seulement elles sont *en puissance*,
mais elles ont en elles une essence propre et particulière, laquelle n'est autre chose qu'un commencement
d'acte ; cet acte imparfait renferme en lui l'origine, et
devient la raison d'être de tous les changements qui
doivent apparaître dans cette réalité. Cette nature,
cette substance, cette essence n'est en aucune manière
sujette au mouvement, elle ne part point du néant pour
arriver à l'être. « Ce que nous appelons l'essence de l'es-

---

[1] Εἰ ὡς ὅλον τι τὸ πᾶν, ἡ οὐσία πρῶτον μέρος...... ἔτι οὐθὲν τῶν ἄλλων χωριστόν. (*Metaphys.*, lib. (XI) XII, cap. 1.)

[2] Οὐσίαι δὲ τρεῖς, μία μὲν αἰσθήτη, ἧς ἡ μὲν ἀΐδιος, ἡ δὲ φθαρτή, ἣν πάντες ὁμολογοῦσιν, οἷον τὰ φυτὰ καὶ τὰ ζῷα ; ἡ δὲ ἀΐδιος... (*Metaphys.*, lib. (XI) XII, cap. 1.) Cf., id., cap. VI ; id., lib. (V) VI, cap. 1.

« pèce, sa substance, cela n'est point engendré ; dans
« tout ce qui arrive à une manifestation phénoménale,
« il y a une essence préexistante [1]. » Le mouvement en
vertu duquel la forme s'unit à la substance, a sa loi dans
la substance elle-même, et sa cause dans une substance
spéciale, laquelle est mobile, éternelle, et porte le nom
de premier ciel [2]. Ce n'est point la substance des êtres,
mais le mouvement par lequel les phénomènes se déve-
loppent dans cette substance, qui est engendré par le
premier ciel, et comme le premier ciel est éternel, le
mouvement est pareillement éternel [3]. Nous avons donc
à constater dans chaque être un double principe. D'a-
bord une essence qui lui est propre et qui est éternelle :
cette essence est dans une certaine mesure en puissance ; cette puissance arrivera ou n'arrivera pas à
l'acte. Si elle y arrive, la production de cet acte est
soumise à une loi infaillible et invariable, cet acte aura
tel ou tel caractère, il ne sera point indéterminé. Le
second principe des êtres est un acte pur qui se réalise éternellement, et par ce mouvement éternel amène
à l'acte la substance des êtres sensibles. Ces principes permettent de définir aisément les deux espèces de
nécessités qu'on peut distinguer par rapport à l'avenir.

A. Il y a des choses qui pour n'être point éternelles,

---

[1] Φανερὸν δὲ ἐκ τῶν εἰρημένων ὅτι τὸ μὲν ὡς εἶδος ἢ οὐσία λεγόμενον οὐ γί-
γνεται, καὶ ὅτι ἐν πάντι τῷ γενομένῳ ὕλη ἔνεστι. (*Metaphys.*, lib. (VI) VII,
cap. VIII.)

[2] ᾿Αεὶ ἐνεργεῖ ἥλιος καὶ ἄστρα, καὶ ὅλος ὁ οὐρανός. (*Metaphys.*, lib. (VIII)
IX, cap. VIII.) Cf., id., lib. (XI) XII, cap. VIII.

[3] ᾿Αδύνατον κίνησιν ἢ γίνεσθαι, ἢ φθαρῆναι· ἀεὶ γὰρ ἦν· οὐδὲ χρόνον· οὐ γὰρ
οἷόν τε τὸ πρότερον καὶ ὕστερον εἶναι μὴ ὄντος χρόνου. (*Metaphys.*, lib. (XI)
XII, cap. VI.)

n'en doivent pas moins s'accomplir nécessairement, attendu que leur cause est éternelle, et qu'aucune force
ne saurait faire obstacle à son effet. Telles sont les
éclipses de la lune et du soleil. Ces phénomènes sont
fugitifs, ils ne durent pour ainsi dire qu'un instant, et
cependant ils ont une cause éternelle, et la même nécessité qui les produit aujourd'hui les fera renaître dans
l'avenir [1]. Aristote n'hésiterait pas à ajouter, en vertu
du même raisonnement, que le soleil doit nécessairement se lever demain. A ses yeux, la terre et les planètes ont une essence éternelle, sont soumises à un mouvement continu, et enchaînées pour ainsi dire aux lois
d'une fatalité inexorable. On ne saurait concevoir, dans
la théorie d'Aristote, aucune cause capable d'empêcher
le lever du soleil, ni demain, ni les jours suivants. On peut
donc, suivant lui, appeler nécessaire tout ce qui dépend d'une cause nécessaire et éternelle, lorsque l'action
de cette cause est soustraite à tout obstacle imaginable.

B. Il y a d'autres choses que nous sommes fondés à
appeler nécessaires, à ne considérer que leur nature
intrinsèque ; et cependant il est vrai que ces choses ne
pourront se réaliser effectivement qu'à des conditions
déterminées. Dès que ces conditions se réalisent, le
phénomène a lieu nécessairement ; ces conditions changées, le même phénomène ne saurait avoir lieu. Par
exemple, il est nécessaire que demain le feu me brûle
la main, à cette condition toutefois que je présenterai
ma main aux flammes : mon doigt sera refroidi par le
contact de la neige, à la condition que j'y plongerai mon

---

[1] *Analyt. post.*, lib. I, cap. vIII, § 2.

bras. Telle est en effet la nature, soit de la neige, soit du feu [1]. Mais, par contre, rien n'empêche de concevoir que le feu n'offense personne, et que la neige, laissée en dehors du contact de nos organes, ne cause à personne la sensation du froid. Le nécessaire, entendu dans le sens qui nous occupe maintenant, ne désigne donc point, à proprement parler, ce qui doit se réaliser nécessairement; mais seulement ce qui est de telle nature que le contraire n'est point dans l'ordre des possibles ; et, pour me servir du même exemple, il n'est point dans l'ordre des possibles que la flamme cause une sensation de froid, ni la neige une sensation de chaleur.

Telles sont les deux acceptions du mot nécessaire considéré dans son application à l'avenir.

Secondement.

On appelle également nécessaire, non plus ce qui doit se réaliser dans l'avenir, mais aussi ce qui existe effectivement dans le présent. « Toute réa-
« lité existe nécessairement aussi longtemps qu'elle
« existe ; et ce qui n'est pas, nécessairement ne saurait
« être aussi longtemps qu'il n'est pas [2]. Exemple : S'il
« est vrai de dire qu'un objet est blanc ou qu'il n'est pas
« blanc, il faut, de toute nécessité, qu'il soit ou blanc
« ou non blanc [3]. » C'est donc une erreur d'appeler simplement possible ce qui existe effectivement; c'est se

---

[1] Ammonius Hermias, fᵒ 192.

[2] Τὸ μὲν οὖν εἶναι τὸ ὂν ὅταν ᾖ, καὶ τὸ μὴ ὂν μὴ εἶναι, ὅταν μὴ ᾖ ἀνάγκη. (*De Interpret.*, cap. ix, § 12.)

[3] Εἰ... ἀληθὲς εἰπεῖν ὅτι λευκὸν ἢ ὅτι οὐ λευκόν ἐστι, ἀνάγκη εἶναι λευκὸν ἢ οὐ λευκόν. (*De Interpret.*, cap. ix, § 2.)

laisser prendre à une apparence de contingence : dès que cela se réalise qui n'existait point encore, dès que le contingent arrive à l'existence réelle, en un mot tout ce qui existe, de quelque façon que cela soit arrivé à l'existence, tout cela est nécessaire aussi longtemps qu'il existe. Le mot nécessaire ne désigne plus l'existence éternelle et absolue, mais simplement ce qui devait être, ou par l'action d'une cause nécessaire, ou par la réalisation d'une éventualité contingente. Je prends de la barbe; elle se dessine en un collier qui encadre ma figure : antérieurement, ce phénomène était contingent, maintenant son existence est nécessaire puisqu'il s'est réalisé [1]. Il se manifeste une éclipse de lune ou de soleil; cette éclipse devait nécessairement avoir lieu, elle n'a point cessé d'être nécessaire au moment où elle se réalise. En revanche, la permanence de cette éclipse n'est point nécessaire, puisque la cause seule en est éternelle, et que cette cause ne cesse point de conserver le même mode d'action [2].

Troisièmement.

Il nous reste à définir une dernière espèce de nécessité.

Il y a des actes parfaits qui ne sont aucunement en puissance [3]. Dès qu'ils ne sont aucunement en puissance, ils ont été dans le passé ce qu'ils sont dans le présent, et ce qu'ils sont dans le présent ils le resteront

---

[1] Πολλάκις... λανθάνομεν ἡμᾶς αὐτοὺς λέγοντες μὲν ἐνδέχεσθαι τόδε τῷδε ὑπάρχειν, μὴ ἐνδεχομένως ἐκείνου ὑπάρχοντος, ἀλλ' ἀναγκαίως. (Johann. Phil., f° 41 b; *ad Analyt. prior.*, lib. I, cap. xiv, § 12.)

[2] *Analyt. post.*, lib. I, cap. viii, § 3.

[3] *Metaphys.*, lib. (VIII) IX, cap. viii.

dans l'avenir. Tout acte de cette espèce est éternel ; il est en dehors de la succession de la durée et des vicissitudes du changement [1] ; un pareil acte, c'est Dieu lui-même, c'est l'intelligence et l'intelligible : Νόησις νοήσεως.

Je joindrai à cette exposition un tableau synoptique qui la résume. L'ordre que j'ai suivi n'est pas tout à fait celui d'Aristote ; j'ose espérer qu'à la réflexion, on ne me contestera pas les quelques changements que j'y ai introduits.

| Le possible comprend : | 1° Le présent. | Le présent comprend : | 1° Ce qui est simplement ;
2° Ce qui est nécessairement. |
| | 2° Le futur. | Le futur comprend : | 1° Le contingent indéterminé qui n'est pas plus ceci que cela ;
2° Le contingent naturel qui s'accomplit :
A Par l'acte d'une volonté libre et raisonnable ;
B Par l'acte de toute cause non nécessaire ;
3° Le nécessaire. |

| Le nécessaire à son tour comprend : | 1° Ce qui est actuellement ;
2° Ce qui sera par l'effet d'une cause nécessaire ;
3° Ce qui, à la fois, est, sera, a été : l'Éternel. |

Je ne veux pas faire de réflexions sur l'ordre suivi dans ce tableau synoptique. On trouvera dans les chapitres qui terminent la seconde partie de ce livre premier tous les éclaircissements nécessaires. Il me suffira de dire présentement que l'ordre d'exposition n'est jamais indifférent lorsqu'il s'agit de systématiser nos idées, et qu'on croit les avoir distribuées ici dans l'ordre même où elles apparaissent à notre esprit.

[1] Ammonius Hermias, f° 192. Cf. id., f° 199. — *Metaphys.*, lib (XI) XII, cap. ix.

Je ferai observer, en terminant ce long chapitre, qu'il faut compter encore comme autant de modales nouvelles, celles qu'on obtient à l'aide d'une négation : le non contingent, le non possible ou impossible, le non nécessaire. Rien de plus facile que la définition de ces trois espèces nouvelles de modales après l'exposition que nous venons de faire : il suffit de prendre le contraire de chaque définition, en transformant directement l'affirmative en négative.

CHAPITRE IV

Ordre des modales d'après Aristote.

Une fois les différentes espèces de modales définies, reste à déterminer l'ordre dans lequel elles doivent être disposées, leur génération logique. Cette recherche comporte non-seulement les modales affirmatives, mais encore les modales négatives : c'est le problème de la *consécution* des modales.

Je trouve dans le traité de l'*Interprétation*[1] quatre ordres différents proposés par Aristote. Je vais, pour plus de clarté, les exposer et les discuter séparément.

Premier tableau de la consécution des modales[2].

1 Possibilité d'existence.	9 Non possibilité d'existence.
2 Contingence d'existence.	10 Non contingence d'existence.
3 Non impossibilité d'existence.	11 Nécessité de non existence.
4 Non nécessité d'existence.	12 Impossibilité d'existence.

[1] Cap. xiii.
[2] *De Interpret.*, cap. xiii, § 1.

5 Possibilité de non existence.
6 Contingence de non existence.
7 Non nécessité de non existence.
8 Non impossibilité de non existence.

13 Non possibilité de non existence.
14 Non contingence de non existence.
15 Nécessité d'existence.
16 Impossibilité de non existence.

Second tableau de la consécution des modales [1].

1 Possibilité d'existence.
2 Contingence d'existence.
3 Non impossibilité d'existence.
4 Non nécessité d'existence.
5 Possibilité de non existence.
6 Contingence de non existence.
7 Non impossibilité de non existence.
8 Non nécessité de non existence.

9 Non possibilité d'existence.
10 Non contingence d'existence.
11 Impossibilité d'existence.
12 Nécessité de non existence.
13 Non possibilité de non existence.
14 Non contingence de non existence.
15 Impossibilité de non existence.
16 Nécessité d'existence.

Si nous rapprochons ces deux tableaux l'un de l'autre, nous ne trouverons entre eux que deux différences [2]. Les propositions 7 et 8 du premier sont transposées dans le second; la proposition 8 y tient la place de la proposition 7, et réciproquement. De même à la fin de la seconde colonne : les propositions 15 et 16 du premier tableau sont pareillement transposées dans le second; la proposition 15 y tient la place de la proposition 16, et réciproquement. Au fond, c'est un seul changement, puisque les modales marchent deux par deux, et puisque la proposition 15 répond à la proposition 7, et la proposition 16 à la proposition 8. Il ressort du texte lui-même [3] que, dans la pensée d'Aristote, le second tableau n'est autre chose que la répétition du premier. Il est donc vraisemblable qu'il y a là quelque erreur de rédaction, et non point du tout un changement fait à des-

---

[1] *De Interpret.*, cap. VIII, § 1.
[2] Barthélemy Saint-Hilaire, ad l. l., t. I, p. 190.
[3] Θεωρείσθω δὲ ἐκ τῆς ὑπογραφῆς ὡς λέγομεν. (*De Interpret.*, ibid., ibid.)

sein. Le premier de ces deux tableaux est tiré du texte lui-même, le second est un résumé présenté par Aristote ; ce philosophe a cru se répéter, et il n'a point pris garde à la légère différence que nous avons signalée.

Je n'en dirai pas autant du troisième et du quatrième tableau de la consécution des modales, contenus également l'un et l'autre dans le traité de l'*Interprétation*. Nous allons en parler séparément.

Troisième tableau de la consécution des modales [1].

1 Possibilité d'existence.	9 Non possibilité d'existence.
2 Contingence d'existence.	10 Non contingence d'existence.
3 Non impossibilité d'existence.	11 Impossibilité d'existence.
4 Non nécessité de non existence.	12 Nécessité de non existence.
5 Possibilité de non existence.	13 Non possibilité de non existence.
6 Contingence de non existence.	14 Non contingence de non existence.
7 Non impossibilité de non existence.	15 Impossibilité de non existence.
8 Non nécessité d'existence.	16 Nécessité d'existence.

Je remarque, en comparant ce troisième tableau avec le précédent, c'est-à-dire avec le second, que la ligne 8 a remplacé la ligne 4, et réciproquement. Ce changement se justifie tout à fait par les théories mêmes d'Aristote.

Il faut que les deux propositions mises en regard soient contradictoires l'une à l'autre ; et les deux caractères essentiels des propositions contradictoires sont, d'abord que l'une des deux est vraie, et, en second lieu, qu'elles ne peuvent être vraies toutes les deux en même temps. Dans le second tableau, la quatrième proposition n'était en aucune façon la contradictoire de

---

[1] *De Interpret.*, ibid., §§ 5, 6, 7. — Cf. Albert le Grand, l. I, cap. III, *de Consequentiis Modalium secundum opinionem antiquorum.*

la douzième, qui se retrouve en regard dans la seconde colonne. En effet, on peut concevoir comme portant à la fois sur le même objet deux affirmations qui expriment, l'une la nécessité de l'existence (modale quatrième), l'autre la nécessité de la non existence (modale onzième) ; et cependant l'ordre de consécution voudrait que ces deux modales fussent contradictoires. Exemple : « Il est nécessaire que l'homme ne « soit point du bois, et en même temps, il n'est pas « nécessaire que l'homme soit du bois. Voilà deux pro- « positions, portant sur le même objet, et vraies toutes « les deux ; ce ne sont donc point des contradictoires, « puisqu'elles se trouvent vraies en même temps. En « effet, tout objet conçu comme devant nécessairement « ne pas être, ne peut point nécessairement exister[1]. » Il faut donc voir dans le changement apporté à l'ordre que renferme ce troisième tableau, une véritable correction d'Aristote destinée à faire disparaître une imperfection qui n'est point contestable.

Voici enfin le quatrième et dernier tableau :

Quatrième tableau de la consécution des modales[2].

1 Nécessité d'existence.	9 Non nécessité d'existence.
2 Non possibilité de non existence.	10 Possibilité de non existence.
3 Non contingence de non existence.	11 Contingence de non existence.
4 Impossibilité de non existence.	12 Non impossibilité de non existence.
5 Nécessité de non existence.	13 Non nécessité de non existence.
6 Non possibilité de non existence.	14 Possibilité d'existence.
7 Non contingence de non existence.	15 Contingence d'existence.
8 Impossibilité d'existence.	16 Non impossibilité d'existence.

---

[1] Albert le Grand, l. l., p. 282. — Cf. *De Interpret.*, cap. xiii, § 8. — Cf. Ammonius Hermias, ad l. l. Aristot.

[2] *De Interpret.*, §§ 9, 12, 13, 14.

Ici la série tout entière des modales a un autre point de départ. Nous ne sommes plus conduits de la possibilité pure à la nécessité, où viennent aboutir les trois autres tableaux ; la nécessité devient au contraire, dans le quatrième, le point de départ de toutes les autres modalités. Lequel de ces ordres est le plus conforme à la logique ? Quelle raison pouvons-nous avoir de préférer tel ou tel d'entre eux ? Toutes ces questions trouveront mieux leur place dans la seconde partie de ce travail. Là, nous ne nous contenterons plus d'exposer la doctrine d'Aristote, nous la discuterons dans la mesure de nos forces. Nous aurons à chercher alors quelle est la valeur de ces différents ordres de consécution et des principes sur lesquels chacun d'eux s'appuie.

CHAPITRE V

Règles générales des propositions modales, tirées par les scolastiques de la théorie d'Aristote.

Parmi les quatre ordres de consécution des propositions modales que nous venons d'énumérer plus haut, il y en a un qui a généralement paru exprimer la véritable pensée d'Aristote : c'est celui que nous avons présenté sous le numéro trois. Celui-là a été suivi par tous les scolastiques, et particulièrement par tous les commentateurs du traité de l'*Interprétation*[1]. J'excepterai toutefois

---

[1] Cf. saint Thomas, l. l. — Albert le Grand, l. l., cap. iv. — *Commentarium Collegii Conimbricensis e Societate Jesu*, Lugduni, sumptibus Horatii Cardon, 1607, secunda pars, p. 197. — *Commentarium Collegii Complutensis Sancti Cyrilli discalceatorum*, Lugduni, sumptibus Joannis

le seul Pierre Fonseca, célèbre logicien, comme chacun sait, et sur l'opinion duquel j'aurai à revenir plus tard.

Bien que ce troisième tableau se retrouve au chapitre précédent, j'ai cru devoir, pour plus de commodité, le reproduire une seconde fois.

1 Possibilité d'existence.		9 Non possibilité d'existence.	
2 Contingence d'existence.		10 Non contingence d'existence.	
3 Non impossibilité d'existence.		11 Impossibilité d'existence.	
4 Non nécessité de non existence.		12 Nécessité de non existence.	
5 Possibilité de non existence.		13 Non possibilité de non existence.	
6 Contingence de non existence.		14 Non contingence de non existence.	
7 Non impossibilité de non existence.		15 Impossibilité de non existence.	
8 Non nécessité d'existence.		16 Nécessité d'existence.	

On a divisé ce tableau en quatre parties, et chacune de ces parties, considérée isolément, forme un ordre à part. Les propositions 1, 2, 3, 4 constituent le premier ordre; les propositions 5, 6, 7, 8 forment le second ordre; les propositions 9, 10, 11, 12, le troisième; enfin, les propositions 13, 14, 15, 16 forment le quatrième et dernier. Il n'était point sans difficulté de retenir une série aussi compliquée; chaque modalité, en effet, renferme deux fois l'affirmation ou la négation. On a donc imaginé des lettres pour représenter, suivant un ordre déterminé, l'affirmation ou la négation, du possible, du contingent, de l'impossible et du nécessaire. « On est convenu que la voyelle A « exprimerait la double affirmative du mode et de la

Amati Condy, 1651, lib. II, cap. IX, p. 28. — Julii Pacii, *Commentarius Analyticus...* Coloniæ Allobrogum, ex typis Vignonianis, 1605, p. 98. — P. Fonseca, *Institutionum dialecticarum libri octo*, Friburgi Brisgoiæ impensis Andreæ Buschtab, 1591, lib. III, cap. II, p. 118.

— 37 —

« proposition qui lui sert d'attribut ; la voyelle E, l'af-
« firmative du mode et la négative de la proposition ; la
« voyelle I, la négative du mode et l'affirmative de la
« proposition ; enfin, la voyelle U, la négative de l'un et
« de l'autre. La définition de ces quatre voyelles a été
« renfermée dans l'hexamètre suivant :

« E dictum negat, Ique modum, nihil A, sed U totum [1]. »

Les scolastiques se sont servis de ces signes con-
ventionnels pour retenir, et en même temps pour définir les différents ordres de modales ; seulement, ils ont
changé l'ordre primitif des propositions.

Pur	Il n'est pas possible que Pierre ne marche pas.
pu	il n'est pas contingent que Pierre ne marche pas.
re	il est impossible que Pierre ne marche pas.
a	il est nécessaire que Pierre marche.
i	Il n'est pas possible que Pierre marche.
li	il n'est pas contingent que Pierre marche.
a	il est impossible que Pierre marche.
ce	il est nécessaire que Pierre ne marche pas.
A	Il est possible que Pierre marche.
ma	il est contingent que Pierre marche.
bi	il n'est pas impossible que Pierre marche.
mus	il n'est pas nécessaire que Pierre ne marche pas.
e	Il est possible que Pierre ne marche pas.
den	il est contingent que Pierre ne marche pas.
tu	il n'est pas impossible que Pierre ne marche pas.
li	il n'est pas nécessaire que Pierre marche [2].

---

[1] P. Fonseca, op. l., lib. III, cap. xii, p. 126. — Cf. *Comm. Coll. Complut.*, lib. II, cap. ix, p. 24. — *Logique de Port-Royal*, IIe partie, ch. viii.
— Apud D. Thomam, op. l. non idem versus dicitur, at eo modo :

Destruit U totum, sed A confirmat utrumque.
Destruit E dictum, destruit Ique modum.

[2] *Comment. Coll. Complut.*, lib. II, cap. ix, p. 24. — D. Thom., op. l.

Les quatre parties de ce tableau ont été elles-mêmes résumées dans ces deux vers :

Primus (ordo) *amabimus, edentulique* secundus;
Tertius iliace , purpurea reliquus.

Pierre Fonseca, logicien d'une grande valeur, et dont l'autorité ne saurait être mise en doute, surtout lorsqu'il s'agit des modales [1], a proposé, comme nous l'avons dit plus haut, un ordre différent dans ses *Institutions dialectiques*. Il a adopté l'ordre que nous avons exposé, d'après Aristote, sous le numéro quatre ; il fait dériver toutes les propositions modales du nécessaire, et non plus du possible. On peut consulter ce quatrième tableau dans le chapitre précédent. Au reste, il se résume ainsi :

1. Le nécessaire,
2. Le possible,
3. Le contingent,
4. L'impossible.

En conséquence, il s'est servi de termes nouveaux pour indiquer les quatre ordres de modales qui résultent de cette nouvelle disposition. Dans ces termes, nous voyons reparaître les mêmes lettres, mais elles forment des groupes différents, et les quatre mots suivants représentent toute la consécution des modales, d'après la théorie de Fonseca :

Argutule,

Veridica,

Sunt atavi,

Qui referunt.

---

[1] Cf. *Comment. Colleg. Conimbric. in Aristotel. de Interpret.*, lib. II, cap. III, *Summa.*

Il suffit d'un simple coup d'œil pour saisir la concordance de ces quatre formes nouvelles avec les formes anciennes. Ce rapport résulte de leur simple juxtaposition.

Argutule,	*Purpurea.*
Veridica,	*Iliace.*
Sunt atavi,	*Amabimus.*
Qui referunt,	*Edentuli.*

Quelle que soit la forme que l'on donne à ces quatre ordres de modales, elles contiennent des propositions, tour à tour opposées ou contradictoires, dont nous traiterons plus tard. Contentons-nous, dans cette première partie, d'avoir défini les modales d'après Aristote, d'avoir rappelé le nombre qu'il en reconnaît, la nature qu'il leur assigne, l'ordre dans lequel il les dispose.

LIVRE PREMIER.

SECONDE PARTIE

CRITIQUE D'ARISTOTE.

CHAPITRE PREMIER

État de la question et position du problème.

Nous avons vu, en commençant ce travail, la définition qu'Aristote a donnée des propositions modales [1].
Ce sont, d'après la doctrine, sinon d'après les paroles
expresses de ce philosophe, les propositions dans lesquelles l'attribut est affecté d'une modalité quel
conque. Exemple : Pierre court rapidement; l'animal
respire nécessairement. S'il en est ainsi, il n'est pas
douteux qu'il faille admettre autant d'espèces de modales
qu'on peut concevoir de formes diverses de l'attribut.
Autant donc il y a de termes, ou, pour me servir de
l'expression grammaticale, autant il y a d'adverbes
qui peuvent apporter une modification quelconque à

____

[1] Première parti e, chapitre I.

l'attribut, autant il y aura, comme l'a très-bien fait observer Ramus [1], d'espèces diverses de modales.

Cependant, en dépit de cette conséquence, il est arrivé qu'Aristote, laissant de côté cette multitude presque infinie de modales, s'est borné à en considérer seulement deux espèces, le nécessaire et le contingent ; et a écarté toutes les autres sans donner aucune raison de cette préférence.

C'est donc à juste titre que la plupart des auteurs qui se sont occupés de cette partie de ses œuvres, dans l'antiquité, le moyen âge ou les temps modernes, principalement les philosophes allemands, ont cru devoir faire un reproche à Aristote d'avoir ainsi choisi arbitrairement le contingent et le nécessaire parmi tant d'espèces de modales, et d'avoir absolument écarté toutes les autres.

Aristote devait, disent-ils, traiter toutes les espèces de modales sur le même pied et les admettre ou les rejeter ensemble. Or, il n'est point possible d'assigner des lois communes et invariables à une aussi grande multitude d'espèces diverses. Il n'est point possible, d'un autre côté, alors que l'attribut peut être modifié de tant de façons différentes, de soumettre à une analyse distincte chaque espèce de modale en particulier : donc la théorie des modales aurait dû être absolument exclue de la logique. Telle est la doctrine d'Aristote : telles sont les remarques et les critiques que cette doctrine a soulevées ou encourues.

---

[1] Petri Rami *Aristotelicæ animadversiones*, p. 6.

CHAPITRE II

Thèse à démontrer contre Aristote.

La question étant ainsi posée entre Aristote et ses adversaires, je me propose, sans manquer au respect que l'on doit à un aussi grand philosophe, de montrer, dans la mesure de mes forces, qu'Aristote et les adversaires d'Aristote se sont pareillement trompés.

Les deux erreurs d'Aristote sont les suivantes :

1° Il n'a point discerné la véritable essence des propositions modales : la définition qu'il en a donnée, à savoir que les propositions modales sont celles dans lesquelles l'attribut est affecté d'une modalité quelconque, cette définition n'est point vraie. Nous nous efforcerons d'établir la véritable définition des propositions modales à l'encontre de celle qu'a donnée Aristote.

2° Aristote ne s'est point rendu compte du motif auquel il a obéi, sans le savoir, lorsque, négligeant les autres espèces de modales, il a choisi exclusivement le contingent et le nécessaire, pour les soumettre à une étude spéciale, et faire de cette étude une des parties intégrantes de la logique. Nous demanderons cette cause à l'essence même de la logique, et, pour atteindre ce résultat, nous ne craindrons pas de reprendre les choses de plus haut ; nous ne craindrons pas d'examiner, avec le détail que cette question comporte, quelle est la nature de cette science.

CHAPITRE III

Thèse à démontrer contre les adversaires d'Aristote.

Abordons maintenant les critiques soulevées par les adversaires d'Aristote, et faisons à la fois la part des concessions et des réserves.

Ils ont eu raison de dire, en se plaçant au point de vue rigoureux de la définition qu'Aristote avait donnée des propositions modales, que cette théorie devait être complétement exclue de la logique ; ils ont eu raison de reprocher à ce philosophe de n'avoir point justifié le choix qu'il a fait du nécessaire et du contingent pour les faire entrer dans ses théories, de préférence à toutes les autres espèces de modales. Là s'arrête la part de vérité que nous trouvons dans leur critique.

Nous aurons à démontrer ensuite les trois propositions suivantes :

1° Les adversaires d'Aristote ont eu tort d'avancer que la théorie des propositions modales ne devait pas trouver place dans la logique ; il suffit de rétablir leur véritable définition, pour se convaincre qu'elles y doivent en effet trouver une place, et même prendre rang parmi les questions les plus importantes.

2° Aristote a eu raison de séparer le contingent et le nécessaire des autres espèces de modales pour les introduire dans la logique. Les adversaires d'Aristote ont eu tort de prétendre qu'il n'y a aucun motif légitime de séparer ces deux espèces de toutes les autres. Cette raison existe indubitablement, bien que ni eux ni Aristote ne l'aient découverte.

3° L'erreur fondamentale dans laquelle ils sont tombés est la suivante. Ils n'ont point vu qu'il faut distinguer entre les différentes espèces de modales ; que les unes dépendent de la matière même des propositions et des idées qui sont contenues dans ces propositions, tandis que les autres résultent de la forme même de ces propositions. D'où il suit que les premières doivent être exclues de la logique, en tant qu'elle traite du raisonnement, tandis que les autres doivent au contraire en faire nécessairement partie.

Je regarde cette dernière distinction comme fondamentale : elle deviendra le point de départ de toutes nos démonstrations, la règle de nos critiques, la donnée commune à l'aide de laquelle nous essayerons de résoudre tous les problèmes relatifs aux propositions modales. Il est donc nécessaire d'insister sur cette distinction ; elle repose sur la définition même des modales.

CHAPITRE IV

Première opinion sur la nature de la logique : cette science réside-t-elle
dans la forme?

Je viens de tracer le programme de nos recherches ;
il nous reste à parcourir l'un après l'autre les divers
aspects de la question, afin d'arriver ainsi à la résoudre
dans son ensemble.

Aristote et ses adversaires ont donné la même définition des modales : ce philosophe leur a assigné une
place dans la science, et ses adversaires soutiennent
que c'est là une erreur de sa part. Il est donc évident
qu'il y a entre eux une différence d'opinion relativement à la nature même de la logique. Sans contredit, la question se réduit tout entière aux deux
points suivants : quelle est la nature de la logique,
quelle est l'essence des propositions modales ? Il faut
de toute nécessité avoir fixé les véritables limites de
la logique pour déterminer si, étant donnée la définition des modales, cette espèce de propositions fait ou
ne fait pas partie de la science.

Pour reprendre la question par ses premiers principes, il nous faut aborder le difficile problème de la
définition et de l'objet de la logique.

Il ne s'agit point ici de reprendre l'ancienne contro-
verse des Grecs, et de se demander si la logique est
un art ou une science. Personne n'ignore que la logi-

que est à la fois l'un et l'autre. Les conquêtes de l'intelligence ne sauraient être stériles dans l'ordre pratique ; et de même qu'il n'y a point d'art sans une science qui lui serve de principe, il n'y a point de science sans un art qui lui serve de conséquence et d'application.

Je ne m'occupe donc point de l'usage de la logique, je m'en tiens à la théorie. C'est à ce point de vue que je cherche à en déterminer l'objet et les limites.

Deux opinions principales résument et renferment toutes celles qu'on a pu émettre à cet égard. Je vais exposer ces deux opinions l'une après l'autre. Je me bornerai à la première dans le présent chapitre ; on trouvera la seconde dans le chapitre suivant.

Toutes les pensées de notre intelligence peuvent être considérées sous un double point de vue : formel et objectif. J'explique d'abord ce qu'il faut entendre par le point de vue formel de nos idées ou de nos jugements.

A mesure que les idées naissent dans notre esprit il est facile de reconnaître qu'elles s'ordonnent, les unes par rapport aux autres, suivant certains rapports de convenance ou de disconvenance, et ce n'est pas seulement dans les limites d'une proposition unique que les idées s'unissent par l'affirmative ou se séparent par la négative : il s'établit, entre ces propositions elles-mêmes, de nouveaux rapports, d'où naissent à leur tour des propositions nouvelles. Il arrive aussi qu'il se manifeste des contradictions, soit entre les jugements considérés les uns par rapport aux autres, soit entre les termes des propositions qui expriment ces jugements : telles seraient les propositions ou les groupes de propositions suivants : $2 + 2 = 5$: l'homme qui marche est immobile ; aucun homme n'est méchant, donc Pierre est méchant. Ces propositions ou toutes autres semblables qu'on pourrait imaginer, pèchent par la contradiction d'idées qu'elles renferment. Mais, pour apercevoir cette contradiction et pour la faire ressortir, il n'est nullement question de chercher si les idées qui nous occupent sont ou non les images fidèles de la réalité. A la prendre par ce côté, la science de la logique semble renfermée tout entière dans la considération de la forme.

A ce point de vue, on appellera vraie toute idée qui n'implique point contradiction. La logique se bornerait ainsi à chercher les lois de cet accord purement formel des idées et les conséquences qui en résultent au point de vue du pur raisonnement logique ; tout le but, tout l'effort de la science se réduirait à maintenir le bon accord entre nos facultés et l'harmonie entre nos idées, une fois que ces idées existent dans notre esprit.

Cette façon de concevoir la logique a pour elle l'autorité de Kant [1], elle a été adoptée par les philosophes allemands, et en particulier par Herbart [2], Twesten [3],

[1] « La logique générale, dans sa partie analytique, est un canou pour « l'intelligence et la raison en général, mais seulement quant à la forme, « car elle fait abstraction de tout contenu. » (Kant, *Critique de la Raison pure, Méthodologie transcendantale*, ch. ii, tr. Tissot, 1e édit., tom. II, p. 408)

« ....La logique ne s'occupe uniquement que de la forme du jugement, « non des concepts quant à leur contenu. » (Kant, *Logique des Jugements*, § 22, tr. Tissot, p. 168.)

[2] *Lehrbuch zur Einleitung in die Philosophie.*

[3] *Die Logik, insbesondere die Analytik.* Schleswig. 1825.

Drobisch[1]; MM. Hamilton et Louis Peisse s'y sont ralliés l'un et l'autre.

Pour nous en tenir à la question qui nous occupe, il est bien évident qu'une fois la logique ainsi conçue et définie, tout ce qui n'appartient pas à la considération de la forme, doit, pour cette seule raison, être absolument exclu de la science. Je trouve donc parfaitement conséquente l'opinion de ces philosophes, en ce qui concerne les propositions modales. Telles qu'elles ont été définies par Aristote, elles leur ont paru devoir rester tout à fait en dehors de la logique.

En effet, si les propositions modales sont celles dans lesquelles l'attribut est affecté d'une modalité quelconque, il n'est point douteux que ces sortes de propositions sont en dehors de toute considération tirée de la forme des idées, que leur essence ainsi définie dépend de la matière et que par conséquent elles doivent être laissées en dehors de la logique.

CHAPITRE V

Seconde opinion sur la nature de la logique : cette science réside-t-elle dans la matière ?

On s'est placé encore, pour définir et pour étudier la logique, à un point de vue. Les idées qui existent dans notre esprit n'ont pas seulement entre elles des affinités qui les unissent, ou des oppositions qui les sé-

___
[1] *Neue Durstellung der Logik*. Leipsig. 1836.

parent ; ces idées sont les représentations mêmes des réalités ; elles tiennent à ces réalités par un lien bien autrement étroit. Il est donc de la plus haute importance de savoir si c'est à tort ou à raison que nos affirmations rattachent les idées aux objets, et si ce sont bien en effet les réalités elles-mêmes qui nous apparaissent à travers nos pensées [1].

Ici, comme on le voit, il ne s'agit plus de déterminer seulement les rapports abstraits des idées dans notre esprit, ni les lois purement formelles qui président à ces rapports. Ce qui importe avant tout, c'est de savoir si notre esprit est le jouet de vaines illusions, ou si nos idées nous introduisent véritablement à la connaissance des réalités.

Il n'est plus question de séparer par un effort d'abstraction les idées des objets qu'elles représentent ; ici la logique se préoccupe avant tout de déterminer les

---

[1] « Les académiciens, qui s'établirent juges de ce différend (entre les « péripatéticiens et les stoïciens), disent que la logique est en même « temps une partie de la philosophie et son instrument. Si elle considère les propositions comme abstraites et séparées des choses, alors « elle est un instrument ; si elle prend les propositions dans leur rapport « avec la réalité, elle devient une partie de la philosophie. Procédons « par des exemples. Si vous dites que de deux universelles affirmatives « se déduit une conclusion universelle affirmative, comme vous ne considérez que les propositions en elles-mêmes, abstraction faite de leur « rapport avec la réalité, alors la logique n'est qu'un instrument. Mais « si vous prenez les propositions dans leur rapport avec ce qui est : « l'âme est toujours en mouvement ; ce qui est toujours en mouvement « est autonome, donc l'âme est autonome ; par cette raison que de deux « affirmatives universelles, vous en avez tiré une conclusion affirmative « universelle, sans perdre de vue les réalités, vous avez pris les propositions logiques avec les choses elles-mêmes, et, dans ce cas, on doit « regarder la logique comme une partie de la philosophie. (Codex parisiensis regius, n° 2061 ; apud Bekker, *Comment*, p. 140, l. 31 b.)

conditions auxquelles le point de vue subjectif s'accordera avec le point de vue objectif, la pensée qui est au dedans de nous avec la réalité qui est située au dehors.

On a donc raison de dire, en se plaçant à ce nouveau point de vue, que le véritable objet de la logique, c'est la matière même de nos jugements et de nos idées. Dès lors, les considérations qui se tirent de la forme, ne sont plus le point de départ de la science ; elles n'en sont qu'une partie et qu'un complément.

Cette dernière définition de la logique est celle de nos écoles ; il y a longtemps que nos études nous ont familiarisés avec elle ; nous l'avons trouvée jadis dans la *Logique de Port-Royal*, et les manuels du baccalauréat ès lettres ne manquent point de la répéter.

Dès que la définition d'Aristote fait dépendre la modalité de la matière même des idées, il est impossible, en admettant cette seconde définition de la logique, de ne point accorder à la théorie des propositions modales une place dans la science.

Toutefois, la difficulté reste la même : il faudra, ou étudier à part chacune des espèces de modales, entreprise que leur multitude rend irréalisable ; ou faire un choix parmi elles, effort qu'Aristote paraît avoir tenté au hasard. J'aperçois même, à cet égard, une sorte de contradiction sourde dans les œuvres de ce philosophe : tandis qu'il penche visiblement à regarder la logique comme une science formelle, tandis que cette idée est le point de départ des *Analytiques*, on peut s'étonner à bon droit de lui voir consacrer un aussi grand nombre de chapitres à la théorie des propositions modales, lesquelles, suivant sa propre doctrine, dépendraient uniquement de la matière de nos jugements.

CHAPITRE VI

Critique de la première définition : la logique ne réside pas seulement dans la forme.

Je viens de développer l'une après l'autre les deux définitions principales qui ont été données de la logique; il me reste à les examiner l'une après l'autre, et à déterminer la véritable définition de cette science.

L'avantage de la première définition est le suivant : elle nous conduit à concevoir cette science tout entière comme soumise à des lois certaines et invariables, semblables aux lois qui président aux rapports des quantités et des grandeurs. On peut ainsi, étant donnés les termes d'une proposition quelconque, ou les propositions qui font partie intégrante d'un raisonnement, distinguer à première vue, en appliquant les règles de la science, si ces propositions ou ces termes sont en accord ou en désaccord; il n'est point du tout besoin de s'en prendre aux réalités elles-mêmes.

L'inconvénient de cette méthode, c'est qu'elle rend la logique absolument étrangère à la réalité. Il est sans doute d'un haut intérêt, à supposer que les propositions dont on s'occupe soient vraies, d'en chercher les rapports et d'en établir la dérivation; mais il est encore bien autrement important de savoir si la proposition même dont on s'occupe est vraie en effet, si elle nous représente la réalité sans la défigurer. Voilà précisément une question à laquelle on ne saurait trouver de réponse, sans sortir de la forme, et sans considérer la matière même de nos jugements. Je ne saurais m'intéresser à cette harmonie abstraite des idées, à cette observation rigoureuse des lois formelles de l'intelligence, aussi longtemps que j'ignore si ces concepts représentent ou ne représentent pas, traduisent ou défigurent la réalité. L'étude de la forme peut m'apprendre que mes affirmations ne renferment rien de contradictoire ; elle ne m'apprend rien sur la valeur ni sur le degré de certitude de mes idées[1].

On a donc eu raison de mettre au nombre des sceptiques tous les philosophes qui s'en sont tenus à cette définition. C'est véritablement nier la portée de notre intelligence que de se refuser à toute affirmation relative à la réalité elle-même, que de s'en tenir aux rapports formels qui existent entre nos idées, considé-

[1] « Mais, pour ce qui est de la connaissance quant à la forme pure,
« sans faire attention à la matière, il est également clair qu'une logique,
« en tant qu'elle traite des lois générales et nécessaires de l'entende-
« ment, doit exposer dans ces lois le critérium général de la vérité. Car tout
« ce qui les contredit est faux, puisqu'alors l'entendement allant contre les
« lois générales de la pensée, se contredit lui-même. Mais ce critérium
« ne concerne que la forme seule de la vérité, « c'est-à-dire de la pensée
« en général ; il est juste à cet égard, il est vrai ; mais il est insuffisant : car
« quoique une connaissance puisse être parfaitement d'accord avec la forme
« logique, elle peut cependant contredire encore l'objet. Le simple critérium
« logique de la vérité, je veux dire l'accord de la connaissance avec les lois
« logiques et formelles de l'entendement et de la raison, est à la vérité la
« condition *sine qua non*, et par conséquent négative, de toute vérité :
« mais la logique ne peut aller plus loin, ni découvrir par une pierre de
« touche l'erreur qui atteindrait la matière et non la forme. » (Kant,
Critique de la raison pure, Logique transcendantale, tr. Tissot, 1re édit.,
t. I, § 3, p. 118, 119.)

rées à un point de vue purement abstrait. Aussi la doctrine de Kant et de ses disciples a-t-elle trouvé d'heureux adversaires [1].

Nous venons de critiquer la première définition de la logique, nous passerons à l'examen de la seconde.

CHAPITRE VII

Remarques sur la seconde définition. — Véritable nature de la logique.

La seconde définition de la logique se rapproche davantage de la vérité ; elle nous délivre de toute tentation de scepticisme, elle se pique de nous garantir la connaissance certaine des réalités elles-mêmes.

Elle tient pour incontestable que nos idées nous introduisent en effet à la connaissance des différents ordres de réalités, que les êtres eux-mêmes apparaissent directement à notre intelligence, et que notre certitude n'est point une illusion.

Voilà pourquoi les philosophes de cette école se demandent avant tout à quels signes intérieurs se reconnaît l'apparition de la vérité dans l'âme humaine, quel est son critérium.

La découverte du critérium de la certitude ne nous laisse plus aucune indécision sur la valeur de nos jugements considérés au point de vue objectif : toute idée marquée au coin de l'évidence, a ce double effet sur l'esprit, d'entraîner son consentement et de justifier ce

[1] *Logische Untersuchungen*, von Adolphe Trendelenburg. Berlin, 1840, Erster Band, § i, *Die Formale logik.*

consentement par les lumières mêmes que l'évidence apporte à l'esprit. C'est ainsi que la logique objective assure le fondement de nos connaissances, vérifie les éléments essentiels de nos jugements, détermine les limites où doit s'arrêter notre intelligence.

Une fois cette tâche essentielle accomplie, la logique objective ne demeure point étrangère à toute étude de la forme : bien plus, ce serait laisser la science incomplète que de ne point déterminer les lois qui doivent présider aux rapports des idées entre elles. Elle se demande donc ici suivant quelles conditions les termes se réunissent pour former une proposition, suivant quelles conditions les propositions se rapprochent pour donner naissance à un raisonnement ou à un syllogisme. Ces dernières questions ne renferment plus, comme auparavant, la science tout entière ; elles n'en forment plus qu'une partie.

J'ai à peine besoin de dire que je me rallie à cette seconde opinion : elle me paraît bien plus conforme à la raison et à la vérité. Ce n'est pas que je la regarde comme tout à fait irréprochable : la logique, considérée dans son ensemble, peut être considérée comme renfermant deux sciences différentes, ou tout au moins, deux parties absolument distinctes ; il n'est point permis de mêler et de confondre les considérations qui se tirent de la forme et celles qui regardent la matière. C'est là ce que les logiciens ont trop perdu de vue. Ils ont placé les questions les unes à la suite des autres, dans l'ordre où elles se présentaient à leur esprit. Cet ordre est au fond plus apparent que réel. Je prendrai pour exemple le problème général de la certitude ; c'est au début même de la science qu'il faudrait poser et discuter ce problème : ôtez la certitude, et la science de la logique ne peut plus se concevoir. Mais la question est double, on peut également la poser à propos de la matière et à propos de la forme : on peut se demander tour à tour si les idées sont la représentation exacte des réalités, et à quelles conditions on peut en affirmer la valeur objective ; on peut se demander, en second lieu, si telles ou telles idées, prises subjectivement, s'accordent ou se repoussent, quelles sont les conditions de leur accord et les moyens d'en écarter toute contradiction. Il en va de même de la question de l'erreur et des différentes espèces d'erreurs, question traitée dans toutes les logiques. Il est évident que ce problème est double, et qu'il appartient à la fois à la logique formelle et à la logique objective. Ce n'est pas tout de définir convenablement la logique et d'en avoir une idée exacte : il faudrait encore ne point tracer le programme de cette science, de façon à y confondre, comme on le fait presque universellement, la matière avec la forme des idées.

On me pardonnera d'avoir, pour rendre ma pensée plus claire, essayé de mettre en ordre les questions que cette science comporte. Après les explications que nous avons données, le programme suivant n'a pas besoin de commentaire.

Programme de la logique, divisée en logique objective et logique formelle.

Toutes les questions de logique proprement dite me paraissent rentrer naturellement dans cette division : 1° le fond, 2° la forme.

I

Les réalités nous apparaissent-elles : y a-t-il de la vérité pour l'homme, quel en est le signe, quelles sont les facultés qui la donnent?

Problème de la certitude.

Cette certitude immédiate, résultat de l'évidence à laquelle nous croyons spontanément, accompagne les idées que nous donne chaque faculté, ou, si l'on veut distinguer : 1° la conscience, 2° les sens, 3° la raison ou l'entendement, source des idées nécessaires.

C'est encore à cette partie de la logique qu'appartient le principe sur lequel se fonde l'induction.

A cette partie de la logique se rattachent la division, la définition par description, les opérations préliminaires de la classification.

II

A la logique formelle appartient l'opération même de la classification, la définition par le genre et l'espèce, l'opération de l'induction.

A la logique formelle appartient encore toute la théorie du syllogisme.

La question de la certitude et de l'erreur se représente une seconde fois ; cette distinction constamment reproduite rendrait plus facile la solution des problèmes communs aux deux divisions, plus nette l'exposition des questions particulières à chacune.

Tout ce qui se rapporte aux signes et à l'autorité

du témoignage des hommes constituerait la troisième partie de la logique.

Je ne présente ces vues que comme une application possible et utile des principes que je soutiens.

CHAPITRE VIII

Conséquences de cette doctrine par rapport aux propositions modales.

Dès que la logique se divise en deux parties distinctes, il convient de chercher avant tout dans laquelle de ces deux parties nous devons placer la théorie des propositions modales. La modalité dépend-elle de la forme ou de la matière des jugements? Peut-elle être considérée tour à tour sous ce double aspect? Peut-on dire qu'elle dépend, suivant le point où l'on se place, tantôt de la matière et tantôt de la forme?

Quoi qu'il en soit de ces différentes questions, auxquelles nous allons répondre l'une après l'autre, il faut bien reconnaître tout d'abord qu'Aristote s'est évidemment trompé.

D'après lui, les propositions modales sont celles dans lesquelles l'attribut est affecté d'une modalité quelconque. Une pareille définition suppose manifestement qu'on a tenu compte de la matière des jugements. — Pierre court rapidement. — Je ne puis savoir qu'il en est ainsi si moi-même je n'ai vu Pierre, et si je ne l'ai vu courir avec rapidité. — L'animal respire nécessairement. — L'observation seule m'a appris que les animaux respirent, et si le mot nécessairement indique de quelle façon cette fonction s'accomplit, c'est là une particularité que j'ignorerais sans doute, si des observations et des expériences répétées ne m'avaient appris que, pour tout animal, la mort est la conséquence inévitable d'une suspension prolongée de cette fonction essentielle.

Ainsi donc c'est la seule considération de la matière qui a dicté à Aristote sa définition des propositions modales.

De là les reproches que ses adversaires lui ont adressés.

Dans quelle partie de la logique place-t-il en effet la théorie des propositions modales ? Dans les *Premiers Analytiques*.

Mais quel est l'objet des *Premiers Analytiques*, quelles limites lui-même y assigne-t-il à ses recherches ? On le sait, et Aristote lui-même l'a suffisamment répété[1] : le traité des *Premiers Analytiques* a pour objet le syllogisme considéré comme instrument de la démonstration. Mais la démonstration elle-même, et le syllogisme par lequel se poursuit et s'achève toute démonstration, ne se réduisent-ils pas l'un et l'autre à tirer une proposition consécutive d'une proposition antécédente, par la seule puissance de la forme ?

C'est donc une erreur d'Aristote d'avoir tiré de la matière sa définition des modales, et d'en avoir placé la théorie précisément dans cette partie de la logique qui traite uniquement de la forme.

Aristote n'a point vu que les modales devaient être considérées sous un double point de vue : en tant qu'elles

---

[1] Voir plus haut : première partie, chapitre I.

se rapportent à la matière de nos jugements : en tant qu'elles se rapportent à leurs formes. C'est pour cette raison, et pour nulle autre, qu'elles ont pu trouver leur place dans les *Analytiques*. Au fond, c'est véritablement de la forme qu'elles dépendent.

CHAPITRE IX

Véritable nature des propositions modales.

Il n'est pas douteux que les propositions modales peuvent être, si l'on veut, considérées comme dépendant de la matière de nos jugements; nous avons donné dans le chapitre précédent des exemples à l'appui de cette opinion.

Je vais montrer maintenant comment et par où elles dépendent de la forme.

Pour arriver à ce résultat, je vais considérer la nature essentielle de la proposition logique et la soumettre à une analyse aussi exacte que possible.

Dans toute proposition, et particulièrement dans les trois propositions dont la réunion constitue le raisonnement syllogistique, il y a trois choses à considérer : c'est précisément là ce qu'on appelle les trois termes du jugement : à savoir, le sujet, le verbe, enfin l'attribut ou prédicat [1].

---

[1] « Forte etiam oppones alios esse propositionis modos innumerabiles.
« Cujusmodi sunt omnia plane adverbia, omnesque notæ universim,
« quibus intentio significatur vel remissio, et omnino modus rei subjectæ
« vel attributæ. Qualis in his orationibus : Socrates est admodum sapiens;
« Protagoras est mediocris sapientiæ; caute agit Ulysses, Ajax audacter;

A = B ; A égale B : voilà, sous sa forme la plus simple, l'image et le type le plus exact de toute espèce de proposition logique : A est le sujet, B l'attribut ; il n'y a là absolument aucune difficulté.

Remarquons maintenant que l'attribut comme le sujet sont représentés, dans la pratique, par des idées qui peuvent représenter ou ne point représenter des objets réels. Exemple : si à la place du terme A, que j'ai pris pour sujet de ma proposition abstraite, je mettais le mot *animal* ou le mot *cheval*, il n'est point douteux que, dans la réalité, existent et des animaux et des chevaux ; par conséquent, à ne considérer que la matière du terme qui me sert de sujet, ma proposition serait vraie et d'une certitude incontestable.

Si, au contraire, à la place de la lettre A qui figure le sujet, je prenais pour premier terme de la proposition le mot *Pégase*, ou le mot *Centaure*, ou le mot *Chimère*, il est certain que ces expressions n'indiqueraient point des réalités existant dans la nature, et par conséquent ma proposition, considérée au point de vue de la matière du sujet, serait une proposition inexacte et fausse.

Ce que nous venons de dire du sujet, nous pourrions le répéter de l'attribut. L'attribut, en effet, tout aussi

« fugiendo pugnat Æneas, Hector insequendo ; Marcellus Pœnos insequi-
« tur acriter, lente Fabius. Sed ne retinenaris his obscuritatibus, tria tibi
« distinguenda sunt omni in propositione : *subjectum*, *copula* et *attri-*
« *butum*. His namque constituitur corpus enuntiationis. Porro sua sunt
« singulis adjuncta. Siquidem *omnis*, *nullus*, *aliquis*, et omnino signa
« affixa sunt solius subjecti : *possibile*, *impossibile*, *necessarium*, *contin-*
« *gens*, solius copulæ ; cæteræ modificationes fere sunt attributi ; saltem
« non nisi attributi sunt et subjecti, sed longe rarius subjecti. » (Jacobus Capreolus, *de Syllogismo*, Lutetiæ, apud Hervetum Dumesnil, 1588,
p. 295.)

bien que le sujet, peut être considéré au point de vue de la matière des idées.

Tel n'est pas le point de vue où l'on se place dans l'étude du raisonnement, de la démonstration, du syllogisme. On nous donne un sujet, on nous donne un attribut, et nous cherchons s'il y a entre eux des affinités qui les unissent, ou des oppositions qui les séparent ; ce sont ces affinités ou ces oppositions, purement subjectives, qui déterminent les affirmations ou les négations.

Aussi ne cherche-t-on point si l'idée qui sert de sujet s'accorde en effet avec les réalités qui existent dans la nature ; on ne se pose pas davantage cette question à propos de l'attribut. On se contente de considérer chacune des deux idées en elle-même, dans les éléments qui la constituent, et, sans tenir compte le moins du monde de la réalité des choses, on se demande seulement s'il y a entre elles un rapport de liaison ou de séparation.

Il y a dans la proposition un terme qui a pour rôle de marquer cette convenance du sujet et de l'attribut [1]. J'appelle verbe le signe caractéristique qui établit un lien entre les deux termes essentiels de la proposition ; l'énonciation verbale est affirmative ou négative [2].

J'emprunterai volontiers, pour rendre cette explica-

---

[1] « De même qu'il y a dans l'âme, tantôt des pensées qui peuvent « n'être ni vraies ni fausses, et tantôt des pensées qui doivent être « nécessairement l'un ou l'autre, de même aussi dans la parole : car « l'erreur et la vérité ne consistent que dans la combinaison et la divi- « sion des mots. » (*Hermen.*, cap. 1, § 5; cf. *Categor.*, cap. 11, § 4; id., cap. 1v, § 8.)

[2] « Sans verbe, il n'y a ni affirmation ni négation possible. » (*Hermen.*, cap. x, § 2.)

tion plus claire, la célèbre définition que Locke a donnée du jugement : c'est,. dit-il, l'expression d'un rapport de convenance ou de disconvenance entre deux idées. J'appliquerais volontiers cette définition au verbe lui-même [1], considéré comme copule logique.

A le prendre sous ce point de vue, le verbe n'est donc rien autre chose qu'un lien purement logique, établi exclusivement d'après la considération de la forme [2].

Prévenons ici une objection, pour n'avoir pas à la réfuter plus tard. Il n'est pas douteux que le verbe, c'est-à-dire l'acte par lequel on affirme ou l'on nie, peut être considéré aussi au point de vue de la matière.

Si je dis, par exemple : Dieu est bon, en supposant que j'affirme véritablement cette proposition et que je la regarde comme vraie, le verbe *est* n'a pas seulement pour rôle d'unir le sujet à l'attribut ; on peut le considérer autrement qu'à ce point de vue formel. J'entends, par cette proposition, qu'il existe en effet un Dieu, et

---

[1] « (Le verbe)... est toujours le signe de choses attribuées à d'autres « choses, par exemple de choses dites d'un sujet ou qui sont dans un « sujet. » (Arist. *Hermen.*, cap. iii, § 2, tr. Barthélemy Saint-Hilaire.)

« Par lui seul le verbe n'est rien ; il indique seulement, outre son « sens propre, une certaine combinaison qu'on ne peut nullement comprendre « prendre indépendamment des choses qui la forment. » (Id., ibid., ibid., § 6, ibid.)

[2] « Dans tout jugement on peut appeler les concepts donnés la matière « tière logique du jugement, et leur rapport par le moyen de la copule, « la forme du jugement. Dans tout être, les parties essentielles de cet « être en constituent la matière ; la manière dont ces parties sont liées en « une chose, en est la forme essentielle. » (Kant, *Critique de la Raison pure, Logique transcendantale*, ch. iii, introduction I, trad. Tissot, t. I, p. 368.)

« Dans tout jugement, on peut appeler les concepts donnés la matière « logique du jugement, et leur rapport par le moyen de la copule, la « forme du jugement. » (Kant, *Critique de la Raison pure, Logique transcendantale*, seconde division ; introd., trad. Tissot, t. I, p. 368.)

que ce Dieu est bon. On peut se convaincre aisément que, dans une proposition ainsi considérée, ce sont les termes, c'est-à-dire le sujet et l'attribut, et non point le verbe que l'on envisage au point de vue de la matière. Il résulte de cette remarque même que le verbe peut toujours être regardé comme le signe et l'expression des rapports qui existent entre les différentes parties de la proposition.

Le verbe n'est point un signe unique dont l'expression ne varie pas [1]; l'énonciation logique qui unit l'attribut au sujet peut être considérée sous plusieurs points de vue.

On sait d'abord que le verbe peut être affirmatif ou négatif, et donner ainsi naissance aux propositions négatives ou affirmatives.

Ce sont là les deux seuls caractères que peut présenter le verbe, lorsqu'on le considère dans sa forme essentielle, et abstraction faite du sujet et de l'attribut. Il peut arriver qu'entre l'attribut et le sujet l'esprit aperçoive un lien nécessaire, une convenance essentielle entre les idées qui les constituent l'un et l'autre. Si je dis : $2 + 3 = 5$, l'homme qui marche est nécessairement en mouvement, de toute nécessité un être est ou n'est pas : il est évident que dans ces propositions et dans toutes celles qui leur ressemblent, le rôle du verbe ne se borne pas à indiquer un simple rapport de convenance entre les deux termes de la proposition, mais

---

[1] « L'énonciation simple est l'énonciation qui affirme que telle chose « est ou n'est pas, selon les diverses divisions du temps. » (*Hermen.*, cap. v, § 6.)

qu'il indique un rapport nécessaire, de telle sorte qu'é-
tant donnés les deux termes qui servent d'attribut et de
sujet, ces deux termes sont unis entre eux de manière
à ne pouvoir être pris séparément. Il n'est pas donné à
notre esprit de les concevoir l'un et l'autre, sans apercevoir, par un acte simultané, le lien qui ne peut pas ne
pas les réunir. Ce n'est donc point la vue des réalités qui
suggère à notre esprit l'affirmation d'un lien nécessaire, c'est la considération formelle des termes eux-
mêmes, ce sont les éléments mêmes des idées qui
constituent ces termes. Ces idées sont de telle nature
que, même à les considérer d'une façon purement abstraite, l'esprit conçoit entre elles un rapport nécessaire, soit affirmatif, soit négatif.

Je pourrais répéter pour le contingent ou le possible,
ce que je viens de dire du nécessaire; je pourrais même
profiter de cette occasion pour distinguer le possible du
contingent. Dès que le lien formel conçu par notre esprit entre les termes qui servent à la proposition d'attribut et de sujet, ne nous apparaît plus comme nécessaire, bien plus, s'il ne nous paraît pas qu'entre ces
deux termes il y ait de rapport actuel, si ce rapport
nous apparaît comme capable seulement de se réaliser
plus tard, nous dirons que c'est là une affirmation purement possible, et cette modalité du possible porte sur
le verbe. Exemple : Pierre sera malade. — Demain il
fera beau. — L'animal peut être blanc. Il est trop clair
qu'ici l'on ne tient point compte de la matière ; les deux
premiers exemples, particulièrement, ne comportent
point la vérification de ce qui est dans l'ordre de la réa-

lité. Nous pouvons donc répéter ici ce que nous avons déjà eu l'occasion d'avancer plus haut : il n'est point question ici d'une modalité qui porte d'une façon quelconque sur le sujet ni sur l'attribut, mais seulement sur le verbe, c'est-à-dire sur la copule logique, formelle, *dégagée* de tous rapports avec la matière des idées [1].

Tel est le véritable sens des mots nécessaire et possible, dans l'ordre des propositions modales ; nous fixerons plus tard la signification du mot contingent.

Nous sommes donc enfin arrivé à déterminer la veritable nature des propositions modales et à en donner la définition.

Les propositions modales sont les propositions dans lesquelles le verbe, c'est-à-dire la copule logique qui unit le sujet à l'attribut, reçoit une modification [2] conçue par un acte de notre esprit [3].

---

[1] « Le verbe *pouvoir* est placé dans la proposition comme le verbe « *être.* » (Aristot. *Analyt. prior.*, lib. I, cap. III, § 7.—Cf. id., ibid., ibid., cap. XIII, § 4.)

[2] « (Modus).... determinat compositionem ipsam prædicati ad subjectum. » (D. Thom., t. XVII, opusc. XL., p. 226, b.)

[3] « Il nous reste encore à déterminer les rapports qui existent dans la « proposition entre les idées du possible et de l'impossible, du contingent « et du nécessaire. Toutes les fois que ces idées seront exprimées, n'importe par quels termes, c'est exclusivement à elles que devront se « rapporter l'affirmation et la négation. Elles pourront donner naissance « à des propositions contradictoires, où l'être et le non être seront « considérés comme de simples attributs, tandis que le terme correspondant à l'idée du possible, que le verbe *pouvoir* tiendra lieu de copule. (A. Franck, *Esquisse d'une histoire de la Logique*, p. 53.)

« La modalité ne fait donc connaître que la manière dont quelque chose « est affirmé ou nié dans un jugement , comme dans les exemples suivants : l'âme humaine peut être immortelle; l'âme humaine est immortelle; l'âme humaine doit être immortelle. » (Kant, *Logique, des Juge-*

5

La modalité des propositions dépend donc uniquement de leur forme et non point du tout de leur matière [1].

CHAPITRE X

Distinction de deux espèces de modales.

Étant donnée la définition qui précède, définition qui est la pensée principale et le résumé de notre travail, on peut se convaincre aisément qu'elle ne saurait convenir à toutes les propositions modales. Soient les propositions suivantes : Il est utile de pourvoir à ses affaires; — Pierre court rapidement; — Didon aimait passionnément; — Il est juste de secourir les malheureux; — ou toute autre espèce de proposition semblable, ce sont là autant de propositions dont l'*attribut subit une modalité*. Quant au verbe, il n'en subit aucune. Mais tout ce qui a rapport au sujet ou à l'attribut, dépend de la matière et non point du tout de la forme. Donc, si l'on veut appeler modales ces sortes de propositions, on est conduit à distinguer deux espèces de modales, dont l'une dépend de la matière, et l'autre de la forme.

ments, § 30, trad. Tissot, p. 177; cf. *Critique de la Raison pure, Logique transcendantale*, liv. II, ch. II, sect. III, § 4.)

[1] « La modalité des jugements en est encore une fonction toute particulière, qui a pour caractère distinctif de ne contribuer en rien à la matière du jugement. » (Kant, ibid , ibid., p. 185.)

Une modale qui dépend de la matière est celle dont l'attribut reçoit une modification, modification indépendante des rapports et de l'accord formel des termes entre eux, et portant sur la façon de concevoir et d'exprimer les réalités, telles qu'elles apparaissent à l'observation.

Une modale qui dépend de la forme est celle où la modification porte exclusivement sur le verbe. Cette modification est absolument indépendante de toute connaissance relative à la matière des termes considérés dans leur rapport avec la réalité; elle prend naissance dans une conception logique de notre esprit, lorsqu'il examine ces termes en eux-mêmes, abstraction faite de ce même rapport avec la réalité. Elle donne un caractère particulier à l'énonciation logique, qui, dans l'expression du jugement, réunit ou sépare l'attribut et le sujet.

CHAPITRE XI

Critique d'Aristote et de ses adversaires.

J'arrive enfin à la critique d'Aristote et de ses adversaires. Les principes que nous venons de développer vont nous conduire, par la seule force du raisonnement logique, à démontrer les thèses que nous avons avancées.

1° Dès qu'il y a deux espèces de modales, dont l'une dépend de la matière et relève, comme l'a dit

Louis Vivès, « non pas de la dialectique, mais de la grammaire[1], » et dont l'autre ne peut résider que dans la forme, Aristote a eu tort, alors qu'il prétendait donner une définition générale des modales, de s'être borné à une définition qui, applicable aux modales du premier genre, ne l'est point du tout aux modales du second.

2° Aristote s'est également trompé alors que, décidé à réduire ses recherches à un petit nombre de modales, il a choisi précisément, pour les préférer aux autres, celles qui ne rentrent nullement dans sa définition. Si les propositions modales sont, comme le prétend Aristote, celles dans lesquelles l'attribut est affecté d'une modalité quelconque, cette définition ne s'applique plus au possible et au nécessaire. La modalité du possible et du nécessaire, comme nous venons de le démontrer, porte en effet sur le verbe lui-même, et non point du tout sur l'attribut.

Arrivons maintenant aux adversaires d'Aristote.

1° Je leur reproche d'abord d'avoir tous, sans exception, admis la définition inexacte du maître; je leur reproche de n'avoir point cherché par eux-mêmes la véritable définition des modales, abstraction faite de la tradition de l'école.

2° Ils ne sont point fondés à soutenir qu'Aristote a eu tort, parmi tant d'espèces de modales, de n'en avoir admis qu'un aussi petit nombre dans la logique ; qu'Aristote n'a eu aucun motif pour choisir exceptionnelle-

[1] Joannis Ludovici Vives Valentini, *de Disciplinis*, lib. XII... Lugduni Batavorum, 1636; *de Causis corruptarum Artium*, lib. III, p. 176.

ment quatre modalités pour en faire l'objet de ses études, soit dans le traité de l'*Interprétation*, soit dans les *Premiers Analytiques*.

A l'occasion de ce dernier reproche, une distinction est nécessaire.

Assurément Aristote n'a donné aucun motif du choix qu'il a fait, et je suis persuadé qu'il ignorait lui-même pourquoi l'étude du contingent et du nécessaire, au point de vue du raisonnement, doit trouver place en effet dans la logique pure. Il n'avait pas pénétré la véritable nature de ces propositions, il ignorait qu'elles portent sur la forme de nos jugements.

En revanche, c'est une erreur d'avancer qu'au fond le nécessaire et le contingent ne présentent aucun caractère qui puisse conduire les logiciens à les distinguer l'un et l'autre de toutes les autres espèces de modales. C'est ce caractère, ignoré à la fois d'Aristote et de ses adversaires, que nous nous sommes efforcé de mettre en lumière. Il en résulte qu'Aristote, en dépit de son erreur sur les principes de la modalité, a suivi, à son insu, la seule méthode exacte et irréprochable dans la théorie des raisonnements modaux.

CHAPITRE XII

Question de l'ordre des modales.

La conséquence des chapitres qui précèdent, c'est qu'il y a des modales de deux espèces, et que l'une de ces deux espèces doit demeurer absolument étrangère aux recherches de la logique. Toutes les fois que la modalité dépend de la matière, elle ne peut être soumise aux lois et aux règles du raisonnement. Toutes les fois que la modalité porte sur l'attribut, elle ne peut se déplacer pour affecter le verbe, et passer ainsi de la matière à la forme. Voilà pourquoi, dans le reste de notre travail, lorsque nous parlerons des modales, sans rien ajouter à cette expression, il est bien entendu que nous voulons parler des modales formelles, et non point de celles qui dépendent de la matière.

S'il est impossible de transporter la modalité de la matière à la forme, la réciproque n'est point vraie, et les modales formelles peuvent toujours être considérées, si l'on veut, au point de vue de la matière.

Au point de vue de la forme la modalité du nécessaire exprime que l'affirmation logique par laquelle s'établit le rapport formel de l'attribut au sujet, est une affirmation nécessaire : la modalité du possible exprime que l'affirmation logique par laquelle s'établit le rapport de l'attribut au sujet est une affirmation contingente, qui permet à l'esprit de concevoir, et au langage d'exprimer une séparation éventuelle entre ces deux termes [1].

Au point de vue de la matière de nos jugements, rien ne m'empêche de chercher, à l'aide de l'observation, dans le monde des réalités, dans le monde des choses nécessaires ou des choses contingentes, les conditions suivant lesquelles se réalisent le contingent et le nécessaire. C'est dans ce sens que les interprètes et les commentateurs d'Aristote ont entendu, presque tous, le mot nécessaire et le mot contingent. Ils ont eu raison au point de vue de la définition donnée par Aristote. Ils n'ont pas vu comment le nécessaire et le contingent, pris l'un et l'autre au point de vue modal, dépendent exclusivement de la forme de nos jugements, et que, pour cette cause seulement, ils sont appelés à faire partie de la logique.

Le nécessaire peut être conçu comme réalisé dans tout être « dont la perfection est en acte [2], » ou dans tout être dont la cause est nécessaire [3]. A ce point de vue il n'est rien autre chose que la vue actuellement présente de l'être en soi, ou tout au moins de la cause en

---

[1] « Keine kategorie berührt das Wesen des Denkens tiefer, als die
» Modalität, wonach sich die Urtheile als Urtheile der Wirklichkeit,
» Möglichkeit und Nothwendigkeit darstellen. Es sind in diesen Begriff
« die Stufen bezeichnet auf welchen das Denken sich nach und nach
« vollendet. » (Ad. Trendelenburg, *Logische Untersuchungen*. Erst. B. C. I,
p. 15.)

[2] « Si autem est perfectum secundum actum; aut accipitur in ipso esse,
« et sic est necessarium… » (Albert le Grand, *peri Hermeneias*, lib. II,
tr. 2, p. 278, b.)

[3] « Dicitur autem aliter necesse esse in enuntiationibus, quando scilicet
« coinhærentia prædicati cum subjecto inevitabilis et necessaria est. Tale

vertu de laquelle existe ce qui est [1]. Au contraire, nous appelons possible, dans l'ordre des réalités, tout ce qui ne dépend pas d'une cause infaillible dans son action, tout effet dont nous ne pouvons point distinguer la cause [2].

Nous sommes maintenant en mesure de résoudre une question que nous avons eu l'occasion de poser plus haut [3]. Il s'agissait de la différence des deux mots possible et contingent : le possible dépend de la forme de la proposition, et le contingent de sa matière. Si je dis, par exemple, que A peut être attribué à B, quel est le véritable sens de cette proposition ? N'est-il pas vrai qu'elle exprime que, à ne considérer que les termes, on est également fondé à affirmer ou à nier leur rapport d'attribution logique ? On peut de nouveau se demander si, dans la nature des choses elles-mêmes on trouve en effet réalisé le terme A, et si, toujours au point de vue de la réalité, ce terme A nous apparaît ayant effectivement pour attribut le terme B. On peut se demander si l'un et l'autre sont des identités qui

« necessarium non est ens necesse, quia tale necessarium nihil prohibet « habere causam. » (Albert le Grand, *peri Hermeneias*, lib. II, tr. 2, cap. VI, p. 285, a.)

[1] « Wenn alle Bedingungen erkannt sind, und demnach die Sache « aus dem ganzen Grund verstanden wird, so dass das Denken das Sein « völlig durchdringt; so giebt das den Begriff der Nothwendigkeit. » (*Logische Untersuchungen*, von Adolph Trendelenburg. Zweit. B. XI. *Die modalen Kategorien*, p. 104.)

[2] « Wenn dagegen nur eine oder einige Bedingungen erkannt sind, « aber das an dem Grunde Fehlende in Gedanken ergänzt wird : so « giebt das den Begriff der Möglichkeit. » (*Logische Untersuchungen*, von Adolph Trendelenburg. Zweit. B. XI. *Die modalen Kategorien*, p. 104.)

[3] Chapitre x.

nous apparaissent dans ce rapport d'attribution, et si ce rapport d'attribution est permanent, accidentel ou habituel. Ces questions, et toutes celles qui rentrent dans le même ordre d'idées, ressortent non plus de la forme, mais de la matière même de la proposition. Considéré à ce dernier point de vue, le possible reçoit le nom de contingent ; lorsqu'on dit : A est contingent à B, le sens propre de cette affirmation est le suivant : dans la nature des choses, on rencontre habituellement A, et on le rencontre ayant habituellement pour attribut B. La signification du mot contingent diffère donc beaucoup de la signification propre du mot possible. Je n'ignore pas que mon explication n'est point celle des docteurs de la scolastique. Comment auraient-ils pu la découvrir ou la donner, sans distinguer les modales formelles des modales qui dépendent de la matière? On peut même trouver dans leurs ouvrages une autre définition du possible et du contingent, et une autre manière de les distinguer l'un de l'autre [1]. Mais je pense qu'au besoin notre théorie pourrait aisément trouver une confirmation dans les paroles mêmes d'Aristote [2].

Au reste, en laissant de côté cette question particulière, et sans insister davantage sur la distinction du contingent et du possible, il est acquis désormais à nos

---

[1] « Hæc duo (possibile et contingens) differunt in hoc quod possibile « determinat esse secundum se, et contingens autem in comparatione « ad causam non stantem. » (Albert le Grand, *peri Hermeneias*, lib. II , tr. 2, p. 273 b; cf. id., ibid., ibid., ibid., cap. vi, p. 286, a.)

[2] Cf. *Analyt. prior.*, lib. I, cap. xiii, § 5.

recherches, que les modales peuvent être considérées tour à tour au point de vue de la forme et au point de vue de la matière. Considérées au point de vue de la forme, les modales font partie intégrante de la logique ; considérées au point de vue de la matière, elles appartiennent à une philosophie plus haute, c'est-à-dire à la métaphysique [1]. Dès que les modales peuvent être envisagées sous ce double aspect, il devient nécessaire de chercher si l'ordre que leur assigne Aristote est emprunté à la logique ou à la métaphysique ; et comme au fond les quatre tableaux d'Aristote se réduisent à deux, nous sommes conduit à examiner, l'un après l'autre, chacun de ces deux ordres de consécution.

CHAPITRE XIII

Discussion critique de l'un des deux ordres de consécution proposés par Aristote.

Le livre de l'*Interprétation*, dans le chapitre sur l'ordre des modales [2], renferme quatre ordres de consécution différents, que nous avons exposés les uns après les autres [3]. Il n'y a pas, entre les trois ordres qui y sont présentés les premiers, une différence telle qu'ils aient besoin d'être discutés chacun séparément. Il suf-

---

[1] Cf. Lud. Vives, *de tradendis Disciplinis*, lib. IV, p. 547.
[2] Chap. XIII.
[3] Voir plus haut, première partie, chap. IV.

fira de considérer ensemble les trois premiers, qui ont tous pour point de départ le possible, et en font pour ainsi dire le fondement de toute modalité. Nous prendrons à part le quatrième ordre, qui pose d'abord le nécessaire, et en fait dériver le possible et le contingent. C'est par l'examen de ce quatrième ordre que nous allons commencer notre critique.

« Peut-être le nécessaire et le non nécessaire sont-ils les principes de tout ce qui est, et de tout ce qui n'est pas ; peut-être tout le reste doit-il en être regardé comme l'effet et la conséquence [1]. » Si, comme nous l'avons défini plus haut, le nécessaire est l'acte pur, il n'est point douteux que « l'acte ne soit antérieur à la puissance [2]. » Si le possible n'est qu'une réalité limitée et imparfaite, rien d'étonnant que le possible paraisse dériver du nécessaire.

Il est donc inutile d'insister plus longtemps sur ce quatrième ordre : il est trop évident qu'Aristote a considéré ici la matière des modales et non point leur forme. Il ne se demande point, en effet, quel est le sens de la proposition nécessaire, quelle est l'origine psychologique de cette idée ; ce qui le détermine, c'est la définition du nécessaire et du possible dans l'ordre même des réalités. La discussion critique de l'ordre qui nous occupe appartient donc à la métaphysique, et non point du tout à la logique. J'ajouterai qu'en se plaçant

---

[1] Καὶ ἔστι δὴ ἀρχὴ ἴσως τὸ ἀναγκαῖον καὶ μὴ ἀναγκαῖον πάντων ἢ εἶναι ἢ μὴ εἶναι, καὶ τἆλλα ὡς τούτοις ἀκολουθοῦντα ἐπισκοπεῖν δεῖ. (*De Interpret.*, cap. xiii.)

[2] Id., ibid.; cf. *Metaphys.*, lib. IX, cap. viii.

au point de vue de l'ontologie, on ne saurait contester l'ordre qui fait du nécessaire le point de départ de toute la série.

CHAPITRE XIV

Discussion critique de l'ordre des modales proposé par Kant.

Le but que je me propose en examinant les différents ordres des modales proposés par Aristote, n'est pas seulement la critique de ce philosophe, mais aussi, et surtout, la découverte de la vérité. Je ne crois donc pas sortir de mon sujet en discutant l'opinion de Kant sur la consécution des modales, et en examinant l'ordre qu'il leur a assigné. J'aborderai ensuite l'ordre qui ressort des trois premiers tableaux d'Aristote.

J'ai eu l'occasion de le dire plus haut[1], Kant a soutenu que la science de la logique est purement formelle[2]. On sait que les tendances abstraites de ce philosophe l'ont entraîné si loin des réalités, qu'il n'a pu éviter le scepticisme[3]. Je trouve dans la *Critique de la raison pure*[4] et dans la *Logique*[5] du

---

[1] Chap. IV.

[2] *Logique de Kant*, trad. Tissot; Introduction, I, *Idée de la Logique*.

[3] Cf. V. Cousin, *Leçons sur la philosophie de Kant*, huitième leçon.

[4] *Critique de la Raison pure; Logique transcendantale*, trad. Tissot, Ire division; *Analytique transcendantale*, liv. I, ch. I, sect. 3; *Des Concepts purs de l'entendement ou des Catégories*, p. 141.

[5] *Logique; Théorie générale élémentaire*, trad. Tissot, ch. II, § 30, p. 177.

philosophe allemand, des recherches sur la modalité :
il se demande tour à tour en quoi elle consiste, quelles
sont les formes diverses sous lesquelles elle apparaît,
enfin quel est le véritable ordre des propositions
modales.

Voici l'ordre que Kant propose :

Possibilité d'être.	*Non possibilité d'être.*
Être.	*Non être.*
Nécessité d'être.	*Contingence d'être* [1].

Nous n'avons pas à chercher ici les raisons qui ont
conduit Kant à donner à la dernière ligne de son tableau une forme un peu insolite. Cette dernière ligne
aurait besoin d'explications ; elle n'a point la forme
ordinaire des contradictoires ou des contraires,
comme serait, par exemple, l'opposition suivante :
Nécessité d'être, non nécessité d'être ; ou cette autre
opposition : *Nécessité d'être, nécessité de non être.*
Quoi qu'il en soit de ce point de détail, il est manifeste que, pour Kant, le véritable ordre des modales
est le suivant :

1° *Le possible,*
2° *L'existence pure et simple,*
3° *Le nécessaire* [2].

Voyons quelle peut être la valeur de cet ordre.

---

[1] J'emploie ici les mêmes expressions que dans la discussion des modales grecques.

[2] « Les jugements problématiques sont ceux où l'on prend soit l'affir-
« mation, soit la négation comme simplement possible (hypothétique).

Je ne sortirai point de la logique pure, et je ne considérerai point la matière des modales. Je prendrai les propositions possibles, catégoriques, nécessaires, au seul point de vue de la forme ; je chercherai si, en effet, elles naissent dans notre esprit et apparaissent à notre intelligence suivant l'ordre qui leur a été assigné. C'est précisément sur ce point que Kant me paraît s'être complétement trompé.

L'ordre de consécution qu'il imagine et qu'il propose, est un ordre *à priori ;* cet ordre repose sur des considérations abstraites, et non point du tout sur des données expérimentales.

Il n'est point douteux qu'à ne considérer que la nature du lien logique qui unit le sujet à l'attribut, Kant a suivi une certaine gradation. En effet, si vous passez avec Kant du possible à l'être, et de l'être au nécessaire, l'affirmation devient de plus en plus étroite et absolue ; elle acquiert ainsi plus de valeur logique. Cette proposition : « A peut être attribué à B, » est une proposition incomplète et inachevée ; l'esprit, dans le rapprochement de ces deux termes, n'aperçoit point entre eux une liaison logique assez prononcée pour lui permettre une affirmation pure et simple.

« Les jugements assertoriques sont ceux dont l'affirmation ou la négation
« est considérée comme réelle (vraie). Les jugements apodictiques sont
« ceux dont l'affirmation ou la négation est considérée comme néces-
« saire. » (Kant, *Critique de la Raison pure,* t. I, p. 134.)

* « Comme si la pensée, dans le premier cas, était une fonction de l'entendement ;
« dans le second, une fonction du jugement ; dans le troisième, de la raison. » (Note
de Kant.)

Si je dis au contraire, non plus : « A peut être attribué à B, » mais bien : « A est l'attribut de B, » il n'est point douteux que, dans ce dernier cas, l'esprit aperçoit mieux la liaison de A et de B ; il n'y a plus d'hésitation sur la nature du lien logique qui les unit ; la perception et l'affirmation de ce lien sont complètes et achevées.

Soit enfin la proposition : « Il est nécessaire que A soit attribué à B. » Cette dernière espèce de proposition est la plus étroite, puisque non-seulement elle n'admet point une contradiction de fait, mais qu'elle n'en souffre pas même la pensée dans nos intelligences. L'ordre établi par Kant repose donc sur le progrès logique de la pensée humaine, considérée depuis ses plus humbles commencements jusqu'au moment où l'affirmation formelle est devenue achevée et parfaite [1]. L'explication que nous venons de donner est l'explication même de Kant ; nous avons admis sans observation ce qu'il admet lui-même, à savoir que la catégorie de l'être et son affirmation doivent naturellement prendre place au nombre des propositions modales.

Aristote n'élèverait point de difficultés contre cette

[1] « ....Or, comme tout s'unit ici à l'entendement d'une manière pro« gressive, de telle sorte qu'on juge d'abord quelque chose problémati« quement, et qu'après on le prend assertoriquement comme vrai, pour « l'unir enfin d'une manière intime à l'entendement, c'est-à-dire pour « l'affirmer nécessaire et apodictique, on peut donc appeler ces trois « fonctions de la modalité autant de moments de la pensée en général. » (Kant, *Critique de la Raison pure ; Logique transcendantale*, liv. I, ch. I, sect. 2, § 9.)

opinion, lui qui range le vrai et le faux au nombre des modalités [1]. Pour nous, qui avons cru devoir distinguer deux espèces de modales et qui avons suffisamment justifié, comme je l'espère, cette distinction essentielle, nous ne saurions donner les mains à une semblable théorie.

La catégorie de l'être ou du non être porte en même temps sur la matière et sur la forme du jugement; Kant n'était donc point suffisamment autorisé à ranger à côté du possible et du nécessaire l'affirmation catégorique de l'existence pure, surtout sans se donner la peine de justifier cette assimilation. On ne saurait admettre, dans aucun cas, que l'affirmation pure et simple de l'être ou du non être prenne place parmi les modales, au même titre que le possible et que le nécessaire.

Kant n'a point tenu compte de ce qui se passe dans notre âme, et n'a point observé l'ordre réel de nos idées dans le progrès de notre intelligence. En réalité, il n'arrive jamais que notre esprit d'abord conçoive le possible, et s'élève ensuite de la conception du possible à l'affirmation du réel. Une telle théorie ne saurait être que le résultat d'une hypothèse, et non point la conclusion d'une analyse. Si, par impossible, notre intelligence débutait par l'affirmation de la possibilité pure, notre pensée naîtrait donc dans les régions stériles du doute, et n'arriverait que peu à peu à se transformer en affirmations véritables. Imagination

---

[1] *De Interpret.*, cap. Ixii, 1849.

singulière, qui renverse de fond en comble et qui démentment les données de l'expérience la plus vulgaire, les doctrines les plus justement accréditées de la philosophie.

C'est par des affirmations que notre esprit débute, et il ne s'élève pas dans notre esprit l'ombre même du doute sur les jugements spontanés que nous mettons en avant avec tant de hardiesse. Si nous nous rendons compte, par une analyse exacte, de ces premières affirmations, nous nous convaincrons qu'elle nous paraissent doublement vraies. Au point de vue de la matière d'abord : les termes même de la proposition, c'est-à-dire les idées qui la constituent, nous apparaissant comme la représentation même des réalités. En second lieu, au point de vue de la forme ; puisque nous apercevons en même temps un rapport logique entre le sujet et l'attribut considérés comme des termes purement abstraits. Il n'est donc point douteux que nos affirmations, au moment où elles naissent dans notre esprit, s'offrent à notre entendement avec une double autorité. Nous ne saurions élever, au premier moment, aucun soupçon ni aucun doute sur la valeur objective, non plus que sur la valeur formelle de nos jugements, et il n'est point encore question, dans notre intelligence, de concevoir ni le possible ni le nécessaire.

Je conclurai de cette discussion que l'ordre des modales proposé par Kant ne concorde aucunement avec les faits les plus positifs de la nature humaine. Il n'est point exact de dire que la notion du possible apparaît à l'esprit avant toutes les autres, puisque la conception et l'affirmation du réel précèdent en réalité la conception et l'affirmation du possible aussi bien que du nécessaire.

Je ne me croirais pas suffisamment impartial, si je terminais ce chapitre sans dire, bien que Kant ne l'ait point fait, à quel ordre d'idées ce philosophe me paraît avoir emprunté la consécution qu'il a proposée.

Si, au lieu de la pensée concrète, telle qu'elle apparaît naturellement à la conscience, vous prenez pour terme de vos études et pour point de départ de vos raisonnements, la pensée réfléchie, telle qu'elle se constitue scientifiquement par l'abstraction, il est vrai de dire que l'intelligence commence par entrevoir et comme par pressentir de pures possibilités, des jugements que l'observation sera appelée à démentir ou à confirmer ; il est vrai qu'au moyen de l'expérimentation, notre esprit passera du pressentiment à l'affirmation de ce qui est ; il est vrai de dire que, par l'induction, il s'élèvera à la connaissance des lois universelles et des vérités absolues empiriques.

On retrouve ainsi l'ordre même de Kant : le possible, l'être, le nécessaire.

On comprend que ce point de vue particulier soit trop exclusif pour y fonder la consécution des modales.

CHAPITRE XV

Discussion de l'autre ordre de consécution proposé par Aristote.

Il nous reste à discuter le second ordre de consécution des modales proposé par Aristote. Cet ordre de consécution est celui que nous trouvons dans les trois premiers tableaux du traité de l'*Interprétation*. Nous avons remis jusqu'à présent à nous en occuper, parce que cet ordre nous paraît le vrai. A peine y ferons-nous quelques changements. Il était de notre devoir d'écarter les erreurs, pour en venir plus sûrement à la vérité.

Cet ordre est le suivant : Aristote commence, dans l'ordre des modalités, par la définition du possible, et le progrès des idées le conduit à celle du nécessaire ; en outre, il ne place point les affirmations catégoriques ou affirmations simples, au nombre des affirmations modales ; en quoi il a raison : car la définition des modales ne saurait s'appliquer en aucune manière aux propositions catégoriques. Il suffit de se rappeler les discussions qui précèdent et la définition que nous avons nous-même proposée [1], pour accorder à Aristote que les affirmations et les négations pures ne sauraient être rangées au nombre des modales.

L'ordre proposé ici par Aristote est donc excellent et

[1] Chap. ix.

6*

parfaitement conforme à toutes les données comme à toutes les lois de la logique. L'erreur de ce philosophe, erreur commune au livre de l'*Interprétation* comme au traité des *Premiers Analytiques*, c'est de confondre perpétuellement deux points de vue qui n'ont entre eux aucun rapport, et qui sont pour ainsi dire en opposition l'un avec l'autre. En parlant du nécessaire et du possible, Aristote confond perpétuellement la matière et la forme des modales; il les considère, tantôt en nous-mêmes et dans les concepts de notre pensée, tantôt dans leur rapport avec les réalités extérieures. Il s'ensuit qu'il n'est point toujours facile de suivre ses théories, parmi les obscurités qu'engendre cette confusion.

Je suppose quele lecteur a présente l'exposition qui a été faite précédemment[1] de la pensée d'Aristote. Je me contenterai de dire ici pourquoi l'ordre présent me paraît le meilleur, et de montrer que cet ordre est particulièrement conséquent avec la théorie qui définit les propositions modales par leur forme.

Les propositions pures et simples, destinées à affirmer ou à nier le rapport d'attribution, sont les premières qui nous viennent à la bouche, parce qu'elles sont les premières qui nous viennent à l'esprit.

Notre intelligence ne s'en tient pas là. Le rapport d'attribution logique, qui constitue dans la pensée le jugement, et dans la parole la proposition, ne tarde pas à se modifier au regard de l'esprit; et cette modification

---

[1] Voyez 1re partie, ch. iii.

est la conception première de la modalité. Ce phénomène est purement subjectif : il ne dépend en aucune
manière, ni d'une observation plus attentive, ni d'une
expérience plus longue. Dès que je suis arrivé à concevoir que rien n'empêche mon affirmation de se métamorphoser en négation, ou ma négation de se changer
en affirmation, l'essence du lien logique qui, dans
l'esprit, met en rapport le sujet avec l'attribut, se
trouve complétement transformée : la proposition,
de catégorique qu'elle était, devient une proposition
modale.

Je donnerai un exemple.

Soit, je suppose, A attribué à B. Les idées qui, dans
mon esprit, correspondent aux deux termes B et A, sont
de telle nature qu'il me paraît pouvoir se faire que A ne
soit pas attribué à B ; d'où suivrait cette affirmation :
A n'est pas attribué à B. Dès lors, dans la première
proposition que j'avais annoncée, A est attribué à B,
cette expression « *est attribué,* » laquelle réunissait
entre eux les deux termes A et B, cette expression ne
peut conserver plus longtemps la forme simplement
affirmative. Il s'est fait dans notre esprit un changement ; la liaison des deux termes ne nous apparaît plus
comme une liaison réelle, mais simplement comme une
liaison possible. C'est ainsi que s'accuse et que se détermine dans l'intelligence le concept de la possibilité.

Je vais répéter cette analyse sur la modalité du
nécessaire.

Je reviens à la proposition qui m'a servi d'exemple :
A est attribué à B. Étant données les deux idées qui,

dans notre esprit, correspondent aux deux termes grammaticaux A et B, il peut se faire que notre intelligence conçoive, entre ces deux idées, et par conséquent entre ces deux termes, un rapport tel que, ni la raison ne puisse concevoir, ni l'intelligence exprimer le contraire de cette proposition. Il peut se faire que cette proposition, A n'est pas attribué à B, soit d'une absurdité évidente.

Il en résulte que, dans cette première proposition, A est attribué à B, la nature du lien logique exprimé par le verbe est telle, que l'union des deux termes donnés, A et B, résulte de leur essence même. Par conséquent, l'énonciation copulative qui marque, dans le langage, l'union de ces deux termes entre eux, est, dans l'esprit, affectée d'une modalité au moment même où elle est conçue. La proposition primitive, A est attribué à B, devient ainsi une proposition modale. Elle doit être formulée ainsi : il est nécessaire que A soit attribué à B. C'est ainsi que se détermine, dans notre intelligence, le concept modal de la nécessité.

Il résulte de ces deux analyses que, dans notre esprit, c'est d'abord le possible, et en second lieu le nécessaire qui apparaît. Je n'ignore point qu'il existe entre ces deux concepts de notre raison un rapport si étroit et pour ainsi dire si instantané, qu'il est difficile de distinguer dans les faits cette priorité chronologique. Toutefois, en y réfléchissant bien, on se dit que la conception du nécessaire rentre dans l'ordre des idées absolues; qu'elle exige, par conséquent, le concours de toutes nos forces intellectuelles et l'intervention de nos facultés les plus hautes. Le possible ne suppose encore qu'un médiocre développement de notre esprit et ne renferme en outre aucun élément absolu. L'ordre chronologique des modales peut se dérober aux prises de l'observation psychologique, la synthèse des faits peut résister aux efforts de l'analyse, sans qu'on en soit réduit pour cela à ignorer l'ordre des modales. On peut le déduire de la connaissance de notre nature. Il faut, de toute nécessité, que le fini apparaisse en premier lieu à l'intelligence humaine ; l'affirmation de l'infini ne vient qu'après. Il faut qu'elle conçoive le relatif avant de concevoir l'absolu ; le conditionnel avant l'inconditionnel ; enfin, par une conséquence inévitable qui est la solution même du problème, le possible avant le nécessaire.

Je conclus : l'ordre de consécution des modales proposé par Aristote dans son traité de l'*Interprétation*, me paraît être l'ordre véritable. Je reprocherai à ce philosophe de n'avoir point été conséquent avec lui-même, et de s'être écarté de sa propre méthode dans les *Premiers Analytiques*. Après avoir étudié les propositions catégoriques [1], il aborde en premier lieu les modales nécessaires [2], et après les nécessaires, les contingentes [3].

Telles sont les raisons qui me paraissent justifier ce dernier ordre de consécution. Il convient donc de commencer par le possible et de terminer par le nécessaire.

---

[1] *Analyt. prior*, lib. I, cap. IV, V, VI, VII.
[2] Ibid., ibid., cap. VIII, IX, X, XI, XII.
[3] Ibid., ibid., cap. XIII-XXII.

LIVRE SECOND

PREMIÈRE PARTIE

OPPOSITION ET CONVERSION DES PROPOSITIONS,
D'APRÈS ARISTOTE.

CHAPITRE PREMIER

Division, méthode et principes de cette partie.

On sait maintenant quelle est la théorie d'Aristote en ce qui concerne les modales ; on sait ce que nous en pensons nous-même, à ne considérer cette théorie qu'au point de vue de la vérité et abstraction faite de son auteur. Il nous reste à étudier maintenant la formation et la démonstration des syllogismes modaux.

Les syllogismes modaux suivent la loi des syllogismes catégoriques ; il y a plusieurs manières de les démontrer. Ces différents modes de démonstration ont un fondement commun ; ils s'appuient les uns et les autres sur l'opposition et la conversion des propositions.

Je vais donc traiter, dans ce second livre, de l'opposition et de la conversion des propositions.

L'opposition et la conversion sont des opérations logiques applicables également aux propositions pures et aux propositions modales. Je parlerai tour à tour de ces deux espèces de propositions. Toute l'économie des modales, dans Aristote, repose en effet sur les lois de la proposition pure.

L'opposition et la conversion, à leur tour, s'expliquent par deux propriétés logiques des propositions, à savoir leur qualité et leur quantité.

« Parmi les réalités, les unes sont universelles, les « autres singulières. J'appelle universel, ce qui, par sa « nature, est attribué à un certain nombre d'êtres, et « singulier ce qui n'est pas attribué à un certain nom- « bre d'êtres. Exemple : homme est quelque chose « d'universel et Callias de singulier. Il faut donc, de « toute nécessité, que l'énonciation de l'attribut, ad- « mise ou exclue, fasse connaître si cet attribut se « rapporte à une chose universelle ou à une chose sin- « gulière [1]. » — « Il y a donc, en tout, quatre espèces « de propositions logiques :

« L'universelle affirmative ;

« L'universelle négative ;

« La particulière affirmative ;

« La particulière négative.

« De ces quatre espèces de propositions, il y en a, « comme on le voit, deux générales et deux particu- « lières [2]. »

---

[1] *Categ.*, cap. vii.

[2] Διὸ καὶ τέτταρές εἰσι τὸν ἀριθμόν· πᾶς καὶ οὐδείς, τὶς καὶ οὐ πᾶς· δύο μὲν καθόλου, ὁ πᾶς καὶ ὁ οὐδείς· δύο δὲ μερικοί, ὁ τὶς καὶ ὁ οὐ πᾶς. (Ammonius, f° 70.)

L'ordre dans lequel elles sont énumérées s'explique par cette considération que l'universel l'emporte sur le particulier, et l'affirmatif sur le négatif [1]. Enfin, la proposition particulière peut se changer en une proposition individuelle, toutes les fois qu'elle sert à désigner un seul individu ou un seul objet. Il y a cette différence entre l'individuelle et la particulière, que la particulière, comparée à l'universelle, s'applique à un nombre moindre d'objets, mais cependant à une certaine quantité, ce qui n'arrive point pour la proposition individuelle [2].

Restent les propositions qu'on appelle vulgairement indéterminées. Elles ne sont indéterminées que dans la forme. En effet, le sujet est exprimé de telle sorte que rigoureusement, il n'est ni individuel, ni particulier, ni

[1] Χείρονες δὲ τῶν προτάσεων λέγονται αὗται, ἤγουν ἡ τὶς καὶ ἡ οὐ πᾶς, διὰ τὸ ἀεὶ τὰ μερικὰ χείρονα εἶναι τῶν καθόλου· καὶ διὰ τοῦτο καὶ ἡ τὶς χείρων λέγεται τῆς πᾶς καὶ ἡ οὐ πᾶς τῆς οὐδείς. Οἱ δὲ Πλατωνικοὶ μὴ πρὸς τὸ μερικὸν καὶ καθόλου ἀποβλέψαντες, ἀλλὰ πρὸς ὕπαρξιν καὶ ἀνυπαρξίαν, τὴν μὲν τὶς εἶπον χείρονα τῆς πᾶς... τὴν δὲ οὐδείς ἔλεγον χείρονα εἶναι τῆς οὐ πᾶς, καθὸ ἡ μὲν οὐδείς παντελῆ ἀνυπαρξίαν εἰσάγει (ὁ γὰρ λέγων· οὐδείς ἄνθρωπος λεύκος ἐστίν, ἀναίρει τὸ λευκὸν ἀπὸ πάντων τῶν ἀνθρώπων), ἡ δὲ οὐ πᾶς εἰσάγει μερικήν τινα ὕπαρξιν (ὁ γὰρ λέγων· οὐ πᾶς ἄνθρωπος λευκ · εἰσάγει τινὰς ἀνθρώπους εἶναι λευκούς)..... Ἀναιροῦντες οὖν τοὺς Πλατων...ς λέγομεν ὅτι ἐπὶ τῆς λογικῆς πραγματείας οὐκ ὑπάρξεις καὶ ἀνυπαρξίας ζητοῦμεν, ἀλλὰ καθόλου καὶ μερικά, καὶ διὰ τοῦτο λέγομεν τὰ μερικὰ χείρονα τῶν καθόλου. (Leo Magentius ap. Bekk. *Schol.*, p. 113, b., l. 28.) Cf. *Analyt. post.*, lib. I, cap. xxiv.

[2] Je lis dans Barthélemy Saint-Hilaire, tr., l. I, p. 159. « Les proposi-« tions singulières sont celles où le sujet est un individu. Théophraste ap-« pelait les propositions universelles propositions indéterminées, et les « propositions particulières propositions déterminées. » (Ammonius, *Scholies*, p. 113 b., l. 12.)

M. Barthélemy Saint-Hilaire a commis ici une inadvertance qu'il faut relever, pour l'exactitude, sans avoir l'intention d'attacher la moindre importance à une méprise : voici le texte grec : Διόπερ ὀρθῶς ὁ Θεόφραστος τὴν μὲν καθ' ἕκαστα ὡρισμένην καλεῖ, τὴν δὲ μερικὴν ἀόριστον.

universel [1]. Exemple : L'homme est blanc, l'homme n'est pas blanc.

Voilà pour la quantité des propositions.

Je passe maintenant à leur qualité.

La proposition logique n'est pas autre chose qu'une énonciation déterminée [2]. Toute proposition ou « tout « discours énonciatif comporte nécessairement un « verbe, et un temps déterminé d'un verbe [3]. » — « Le verbe est le mot qui marque le moment de la du- « rée ; aucune partie du verbe n'a de signification par « elle-même ; elle est toujours le signe d'une chose « attribuée à une autre chose [4]. » Le verbe marque l'union ou la séparation. « L'affirmation énonce que les « deux termes se conviennent et la négation qu'ils « s'excluent [5]. »

Toute proposition est nécessairement affirmative ou négative. Il ne saurait y avoir de discours sans verbe, et nécessairement le verbe unit ou sépare les deux termes de la proposition.

C'est sur la qualité et la quantité des propositions logiques que se fondent l'opposition et la conversion dont il va être question dans les chapitres qui suivent.

[1] *De Interpret.*, cap. vii, § 1. Cf. ib., cap. iii, § 4.
[2] Ibid., cap. v, § 5, 6.
[3] Ibid., cap. v, § 2.
[4] Ibid., cap. iii, § 1.
[5] *De Interpret.*, cap. vi, §§ 1, 2.

CHAPITRE III

Opposition des propositions pures d'après Aristote.

J'entends par propositions pures, suivant la définition des scolastiques, les propositions qui ne sont affectées d'aucune modalité [1].

L'opposition des modales, nous le verrons bientôt [2], suppose connue l'opposition des propositions pures : il est donc nécessaire de poser d'abord les règles de ces dernières.

Je parlerai séparément [3] :

1° De l'opposition des universelles et des particulières;

2° De l'opposition des individuelles;

3° De l'opposition des indéterminées.

1° *Opposition des universelles et des particulières.*

« Comme il est possible d'énoncer ce qui est comme
« n'étant pas, et ce qui n'est pas comme étant, et ce qui
« est comme étant, et ce qui n'est pas comme n'étant
« pas; comme ceci de plus peut également s'appliquer

---

[1] « Les propositions simples ou absolues, *propositiones puræ* des
« scolastiques, sont opposées aux modales. Les propositions absolues, qui
« affirment ou qui nient l'existence sans la modifier d'aucune manière,
« sont appelés *catégoriques* par Kant et beaucoup de logiciens modernes.
« Je n'ai pu conserver ce terme, parce que, dans Aristote, il a un sens
« spécial. Dans son langage, la proposition catégorique est l'universelle
« affirmative, ou simplement la proposition affirmative. » (Barthélemy
Saint-Hilaire, tr., t. II, p. 6.) Cf. Boeth., *de Syllogismo categorico.* Barthélemy Saint-Hilaire, tr., t. I, p. 185.

[2] Voir le ch. suiv.

[3] Cf. *Analyt. prior.*, lib. I, cap. 1, § 5.

« aux temps en dehors du présent, il s'ensuit qu'on
« peut affirmer tout ce qu'on a nié d'abord et nier ce
« qu'on a d'abord affirmé. Donc, évidemment, à toute
« affirmation il y a une négation opposée, et à toute
« négation une affirmation opposée [1]. » — « Si quel-
« qu'un énonce d'une chose universelle et d'une manière
« universelle qu'elle est ou qu'elle n'est pas, les énoncia-
« tions seront contraires. Ce que j'entends par énoncer
« une chose universelle d'une manière universelle, c'est
« dire par exemple : Tout homme est blanc, aucun
« homme n'est blanc [2]. » Prenons un autre exemple :
« A cette affirmation : Tout être est juste, la négation
« contraire est celle-ci : Aucun être n'est juste. Il est
« évident que ces deux propositions ne pourront ja-
« mais se vérifier à la fois dans le même objet [3]. »

Par contre, il peut arriver que les deux universelles
contraires soient fausses toutes les deux. « S'il est faux
« de dire que telle qualité n'appartient à aucun des êtres
« contenus dans un genre, il n'en résulte aucunement
« qu'il soit vrai de dire que cette qualité appartient à tous
« les êtres contenus dans ce genre. Si la première alter-
« native est fausse, il ne s'ensuit en aucune façon que
« la seconde soit vraie [4]. »

Telle est la loi des contraires universelles. Je dis
contraires et non point *contradictoires*.

---

[1] *De Interpret.*, cap. VI, § 3. Cf. Ib., cap. XIV.

[2] Ibid., cap. VII, §§ 2, 5. Cf. Ibid., cap. VIII, § 1. *Analyt. prior.*, lib. II, cap. VIII, § 2.

[3] *De Interpret.*, cap. X, § 13. Cf. Ibid., cap. XIV, §§ 11, 13; ibid., cap. VII, § 6.

[4] *Analyt. prior.*, lib. II, cap. XI, § 23.

— 94 —

« L'affirmation est contradictoirement opposée à la
« négation, quand la première indique que la chose est
« universelle et que la seconde exprime que cette même
« chose ne l'est pas. Par exemple : Tout homme est
« blanc, quelque homme n'est pas blanc. — Aucun
« homme n'est blanc, tel homme est blanc [1]. »

Il faut de toute nécessité que de deux contradictoires
l'une soit vraie et l'autre soit fausse [2]. Il est évident
en effet que la même négation correspond à la même
affirmation. Il faut que la négation « nie ce que l'affirmation a affirmé [3], » et que cette affirmation comme
cette négation porte sur le même attribut du même
sujet. « Lorsque l'esprit se trouve entre cette affirma-
« tion et cette négation, une fois que l'on a établi que
« la négation n'est point vraie, il faut de toute nécessité
« que ce soit l'affirmation [4]. »

Nous venons de parler de deux sortes d'oppositions des
propositions : 1° de l'opposition des universelles entre
elles, 2° de l'opposition des universelles et des particulières. Il nous reste à parler en troisième lieu de l'opposition des particulières entre elles. Celles-là ont reçu
des scolastiques le nom de *subcontraires*. Exemple :
Quelques hommes sont justes, quelques hommes ne

[1] *De Interpret.*, cap. viii, § 5.
Λέγω δὲ τὸ ἀντικειμένως εἰ μὲν τὸ καθόλου στερητικόν, τὸ ἐν μέρει καταφα-
τικόν· εἰ δὲ κατηγορικὸν τὸ καθόλου τὸ ἐν μέρει στερητικόν. (*Analyt. prior.*,
lib. I, cap. v.) Cf. *Analyt. prior.*, cap. viii, § 2.
[2] *De Interpret.*, cap. vii, § 8. Cf. Ibid., cap. x, § 6. *Metaphys.*, lib. (III) IV,
cap. viii.
[3] *De Interpret.*, cap. vii, § 11. Cf. Ibid., cap. vi, § 8.
[4] *Analyt. prior.*, lib. II, cap. xi, § 23. Cf. *Categ.*, cap. x, § 26.

sont pas justes. Lorsqu'on oppose les unes aux autres les propositions logiques suivant leur qualité, il importe beaucoup de remarquer si elles sont universelles ou particulières. Aristote n'a point suffisamment distingué ce qu'on devait appeler plus tard les contraires et les subcontraires, et la langue grecque ne lui fournit pour les désigner, dans les *Premiers Analytiques,* que des périphrases, à défaut de mots propres [1]. La propriété particulière des subcontraires est qu'elles peuvent être vraies en même temps [2].

2° Opposition des propositions individuelles.

Un terme est dit individuel ou singulier lorsqu'il ne peut pas servir d'attribut. Exemple : *Callias* est un

---

[1] Ἐναντίως δὲ τὸ παντὶ τῷ οὐδενὶ καὶ τὸ τινὶ τῷ οὐ τινὶ ὑπάρχειν. (*Analyt. prior.,* lib. II, cap. VIII, § 2.) Cf. cap. XV.

« La particulière affirmative et la particulière négative (quelque, non « quelque) ne sont pas précisément contraires, puisqu'elles peuvent être « vraies toutes deux à la fois ; elles sont ce que les scolastiques appellent « *subcontraires.* Aristote a encore eu tort, ici comme dans l'*Herménéia*, « de confondre sous un même mot deux idées différentes. Il fallait dis- « tinguer. » (Barthélemy Saint-Hilaire, tr., t. Iʳ, p. 243, 244.)

[2] Si les subcontraires peuvent être vraies toutes les deux, elles ne peuvent pas être fausses toutes les deux. Soient les deux propositions particulières I et O, et que ces deux propositions soient fausses l'une et l'autre. D'après les règles posées plus haut, leurs contradictoires seront vraies. Mais la proposition I, c'est-à-dire la particulière affirmative, a pour contradictoire la proposition E, c'est-à-dire la négative universelle; la proposition O, c'est-à-dire la négative particulière, a pour contradictoire la proposition A, c'est-à-dire l'affirmative universelle. Si les deux propositions I et O étaient fausses toutes les deux en même temps, la contradictoire qui correspond à chacune d'elles étant vraie, il en résulte que A et E, c'est-à-dire les deux universelles contraires, seraient vraies toutes les deux en même temps, ce qui ne saurait avoir lieu. Donc les subcontraires ne peuvent être fausses toutes les deux en même temps; ce qu'il fallait démontrer. On trouvera dans Port-Royal (seconde partie, chap. IV, § 3) une démonstration analogue, mais présentée sous une forme peut-être moins directe.

terme singulier parce qu'il ne peut pas être attribué à un autre terme [1]. La proposition individuelle est celle dont le sujet est un terme singulier. Dans ces sortes de propositions, on ne peut tenir aucun compte de la quantité ; il ne reste donc plus que la qualité à laquelle on puisse avoir égard. L'opposition des propositions singulières ou individuelles est soumise aux mêmes lois que l'opposition des contradictoires : dans ces deux affirmations opposées : Socrate est blanc, — Socrate n'est pas blanc, il faut nécessairement qu'il y en ait une vraie [2]. Toutes les fois que l'affirmation et la négation s'opposent ainsi l'une à l'autre dans le même individu [3], il faut de toute nécessité que l'une des deux soit fausse, et que l'autre soit vraie [4].

3° *Opposition des propositions indéterminées.*

« La proposition est indéterminée ou non définie « (*indéfinie*), toutes les fois que la loi logique qui « marque l'affirmation ou la négation ne contient au- « cune détermination qui entraîne l'universalité ou la « particularité de cette proposition. Exemple : Il n'y a « qu'une science des contraires. — Volupté n'est pas « vertu [5]. » Le malheur de cette définition est de n'être ni claire ni complète ; elle ne s'applique même pas à tous les cas d'opposition des propositions indétermi- nées qu'Aristote a lui-même signalées. On va en juger.

---

[1] *De Interpret.*, cap. vii, § 1.
[2] Ibid., cap. vii, §§ 8, 9. Cf. Ibid., cap. x, § 14.
[3] Ibid., cap. vi, § 5. Cf. Ibid., cap. x, § 1.
[4] *Analyt. prior.*, lib. II, cap. ii, § 23.
[5] Ibid., lib. I, cap. vii, § 5.

Pour faciliter l'explication, distinguons avec Aristote[1] et avec les scolastiques, les propositions dites *secundi adjacentis*[2] et les propositions dites *tertii adjacentis*[3]. Les propositions dites *secundi adjacentis* sont celles dont le verbe *être*, employé à un mode personnel, est le seul complément ajouté au sujet; ainsi : L'homme *est;* — l'homme *n'est pas*. Les propositions dites *tertii adjacentis* sont celles dans lesquelles, indépendamment du verbe *être*, employé à un mode personnel, se trouve encore un troisième terme qui complète la proposition et qui en devient l'attribut. Par exemple : L'homme est juste ; — l'homme n'est pas juste. « Les propositions qui ne renferment point le « verbe *être* explicitement exprimé, telles que les pro- « positions qui renfermeraient les verbes *se bien* « *porter* ou *se bien promener*, n'en ont pas moins le « même sens et la même valeur que si le verbe *être* « se trouvait en effet placé entre le sujet et l'attribut : « telles sont les propositions suivantes : — Tout homme « se porte bien ; — tout homme ne se porte pas bien[4]. »

Avant de faire usage de cette division des propositions en propositions *secundi*, et en propositions *tertii adjacentis*, j'ai encore une distinction à faire. L'indétermination peut affecter le sujet ou le verbe. « Ce terme : « *non homme*, je ne l'appelle pas un simple substantif, « mais un substantif indéterminé[5]. »—« De même ce

[1] *De Interpret.*, cap. x, §§ 3, 4.
[2] Id. ibid., trad. de M. Barthélemy Saint-Hilaire, t. I, p. 173, 174.
[3] Id. ibid., note [illegible]
[4] Id. ca[illegible] § 1[illegible]
[5] Id., [illegible], cap. vii, § 3.

« terme *ne se porte pas bien*, je ne l'appelle pas un sim-
« ple verbe, mais un verbe indéfini [1]. » Toute affirmation,
comme toute négation, se compose donc, ou d'un substantif et d'un verbe ordinaires, ou d'un substantif et
d'un verbe indéterminés [2].

Après avoir défini les conditions de l'indétermination
dans les termes logiques des propositions, reste à
savoir combien il y a de sortes d'oppositions des propositions indéterminées.

Les propositions indéterminées, dites propositions
secundi adjacentis, s'opposent les unes aux autres par
leur sujet seulement.

Les propositions dites propositions *tertii adjacentis*,
peuvent être opposées entre elles de trois façons différentes :

1° Selon leur sujet ;

2° Selon leur attribut lorsque cet attribut est uni au
verbe *être;* ou selon leur verbe, si le verbe substantif
être est implicitement contenu dans le verbe de la proposition ;

3° A la fois suivant leur sujet et suivant leur attribut.

La conséquence de ces diverses combinaisons est une
véritable multitude de propositions indéterminées. Je
n'en donnerai ici ni l'ordre ni la définition; on pourra
retrouver tous ces détails dans les anciens traités de
logique [3]. La théorie de l'opposition des propositions

---

[1] Ibid., cap. iii, § 4.
[2] Ibid., cap. x, § 1.
[3] Cf. Σχηματισμοὶ τῆς Διαλεκτικῆς, hoc est, Tabulæ Valentini Erythræi
Lindaviensis in quatuor libros dialecticarum partitionum Joannis Sturmii

indéterminées n'a point trait directement avec le sujet qui nous occupe, et l'indétermination d'une proposition suffit pour l'exclure d'un raisonnement syllogistique rigoureux. Je me contenterai de signaler en passant les deux règles générales de l'opposition des propositions indéterminées. Ces deux règles sont les suivantes :

1° Lorsque dans deux propositions opposées, c'est le sujet qui est indéterminé, « il n'arrive pas toujours que l'une des deux soit vraie et que l'autre soit fausse. On peut dire avec autant de vérité : *L'homme est blanc,* et — *l'homme n'est pas blanc,* ou bien, — *l'homme est beau,* et — *l'homme n'est pas beau* [1]. »

2° Lorsque le sujet est déterminé, et que l'indétermination porte sur l'attribut ou sur le verbe, les propositions opposées rentrent dans les lois générales que nous avons assignées aux particulières ou aux universelles ordinaires [2].

---

ab auctore correctæ atque locupletatæ..... Argentinæ Christianus Mylius expressit 1561, de oppositione pronunciamentorum, p. 105. — Petri Rami Veromandui *Dialecticæ institutiones*... Parisiis; excudebat Jacobus Bogardus, 1543, p. 34, sqq. — Antonii Goveani *pro Aristotele Responsio*... Parisiis, apud Simonem Colinæum, p. 21, sqq.— Joachim. Perionii Benedictini Cormæriaceni *pro Aristotele in Petrum Ramum Orationes duæ*... Parisiis, apud Joannem Lodoicum Tiletanum, 1548, p. 51, sqq.

[1] *De Interpret.*, cap. vii, § 10.

[2] Ibid., cap. x.

CHAPITRE III

Opposition des propositions modales d'après Aristote.

Pour bien comprendre l'opposition des propositions modales, il faut distinguer deux choses :

1° La matière de la proposition ou les termes qui la constituent;

2° Le lien modal qui unit l'attribut au sujet.

Il ne saurait y avoir d'opposition entre deux propositions modales qu'à une seule condition, c'est que la négation portera sur la modalité du verbe, et non pas sur les termes de la proposition.

Je pars du principe de contradiction que je formule ainsi avec Aristote. « Il faut que, de toutes choses « l'affirmation ou la négation soit vraie[1]. » Si donc il nous prenait fantaisie « d'affirmer et de nier en même « temps [2] la même chose du même objet [3], il est im-

---

[1] *De Interpret.*, cap. xii, § 2. Cf. Métaphys., lib. III.

[2] Ibid., cap. xii, § 4.

[3] « Il y a cependant une célèbre formule de ce principe (de contra-
« diction) purement formel et dépourvu de contenu, laquelle renferme
« une synthèse qui a été mal à propos confondue avec le principe lui-
« même, et sans la moindre nécessité. La voici : il est impossible qu'une
« chose soit et ne soit pas en même temps. Outre qu'ici la certitude
« apodictique a été ajoutée inutilement par le mot impossible, certitude
« qui doit se comprendre d'elle-même par la proposition, ce jugement
« est encore affecté par la détermination du temps, et signifie en quelque
« sorte : une chose A qui est quelque chose B ne peut pas en même
« temps être non B. Mais elle peut très-bien être successivement l'un et
« l'autre; être B et non B : par exemple, un homme qui est jeune ne
« peut être vieux en même temps ; mais ce même homme peut très-bien

« possible que ces affirmations et ces négations oppo-
« sées, qui portent en même temps sur le même sujet,
« soient simultanément vraies [1]. »

Dans les propositions ordinaires fondées sur une
affirmation ou sur une négation pure et simple, « l'op-
« position des contraires et des contradictoires s'accom-
« plit au moyen du verbe *être* ou du verbe *n'être pas*.
« Ainsi, à l'affirmation *être homme,* s'oppose cette né-
« gation, *n'être pas homme* [2]. » Lorsqu'il s'agit des modales, c'est le mode lui-même qui joue à cet égard le
rôle du verbe. Si je dis par exemple : « Il est possible
« que tel attribut ne convienne à aucun être, ou ne con-
« vienne pas à certains êtres, cette proposition a la
« forme affirmative. En effet, le verbe *est possible* est
« placé dans le discours comme le serait le verbe *est* [3] ; »
il y joue le même rôle et il y a la même valeur au point
de vue de l'attribution logique. S'il en est ainsi, « cette
« proposition : *Il est possible que telle qualité ne soit pas*
« *attribuée* n'a pas pour opposée cette autre proposi-

« être jeune dans un temps, et n'être pas jeune, ou être vieux dans un
« autre temps. Or, le principe de contradiction, comme principe purement
« logique, ne doit pas restreindre ses énoncés aux rapports du temps ;
« par conséquent, une semblable formule est tout à fait contraire à son
« but. L'équivoque vient uniquement de ce que l'on sépare d'abord un
« attribut d'une chose du concept de cette chose, et qu'ensuite on joint
« à ce même attribut son contraire, ce qui ne donne jamais une con-
« tradiction avec le sujet, mais seulement avec son attribut qui est uni
« synthétiquement avec lui, il est vrai : ce qui ne fait alors contra-
« diction qu'autant que le premier et le second attribut sont posés en
« même temps. » (Kant, *Critique de la Raison pure; Logique transcen-*
dantale; des principes de l'Entendement pur, sect. 1, tr. Tissot, p. 281.)

[1] *De Interpr.*, cap. xii, § 3.
[2] *Ibid.*, cap. xii, § 2.
[3] *Analyt. prior.*, lib. I, cap. iii, § 7.

« tion : *Il est possible que cette qualité soit attribuée*, mais
« la proposition que voici : *Il n'est pas possible que*
« *cette qualité ne soit pas attribuée*. De même cette autre
« proposition : *Il est possible que cette qualité soit attri-*
« *buée*, n'a pas pour négative cette autre proposition :
« *Il est possible que cette qualité ne soit pas attribuée*,
« mais bien la proposition que voici : *Il n'est pas possi-*
« *ble que cette qualité soit attribuée* [1]. » Il en va de même
de toutes les autres modalités.

D'après ces remarques, « il faut établir ainsi la liste
« des oppositions entre les négations et les affirmations
« modales :

« Possible,	non possible,
« Contingent,	non contingent,
« Impossible,	non impossible,
« Nécessaire,	non nécessaire [2]. »

Au reste, il faut bien remarquer qu'une proposition
modale peut toujours recevoir un double démenti.
Soit, par exemple, cette proposition : « *Il est possible*
« *que telle qualité appartienne à tous les êtres*. On peut
« lui opposer tour-à-tour deux propositions différentes,
« qui, séparément, la contredisent toutes les deux : —
« *Il est nécessaire que la qualité en question appartienne*
« *à tous les êtres ; — il est nécessaire que la qualité en*
« *question n'appartienne à aucun d'entre eux* [3]. »
Semblablement cette affirmation : *Il est nécessaire*

<hr>

[1] *De Interpret.*, cap. xii, § 6, 7, 8.
[2] Ibid., cap. xii, § 9.
[3] *Analyt. prior*, lib. I, cap. xvii, § 4.

que telle qualité soit attribuée, a pour opposées les propositions suivantes : *Il n'est pas nécessaire que cette qualité soit attribuée ; — il n'est pas nécessaire que cette qualité ne soit pas attribuée.*

La cause de cette double opposition est facile à saisir : du moment qu'on prend dans la proposition opposée le mode contraire, ce mode peut s'unir également à l'affirmation comme à la négation. Je suppose, pour donner un exemple, que j'oppose le mode *non contingent* au mode *contingent*. La non-contingence peut s'unir, dans la proposition que j'institue, aussi bien à un attribut affirmé qu'à un attribut nié. Mais, que j'affirme ou que je nie l'existence de cet attribut, la contingence de la proposition primitive n'en est pas moins contredite par la non-contingence que j'affirme actuellement.

De l'opposition des propositions tant catégoriques que modales, je passe à l'étude de leur conversion.

CHAPITRE IV

Conversion des propositions pures d'après Aristote.

« Les propositions tant affirmatives que néga« tives sont ou universelles, ou particulières, ou indé« finies [1]. »

Nous traiterons des propositions universelles et des propositions particulières. Elles se convertissent :

[1] *Analyt. prior.*, lib. I, cap. II, § 1.

— L'universelle négative en négative universelle;

— L'universelle affirmative en affirmative particulière;

— La particulière affirmative en affirmative particulière.

— La particulière négative ne se convertit pas.

Aristote donne pour chacune de ces quatre règles une démonstration spéciale. Exposons, l'une après l'autre, chacune de ces démonstrations.

PREMIÈRE DÉMONSTRATION.

L'universelle négative se convertit en une négative universelle.

Si A n'est attribué à aucun B, je dis que B ne doit être attribué à aucun A.

Le terme A est un terme général, puisque, dans l'hypothèse, il est le sujet d'une proposition universelle. Donc, d'après cette même hypothèse, il renferme plusieurs genres. Soient ces genres représentés par les lettres C, D, E, etc.

Supposons que B, au lieu de ne pouvoir être attribué à aucun A, ce qui est la thèse à démontrer, puisse être attribué à quelque A, par exemple au genre C, nous aurons la proposition suivante :

B est attribué à tout C.

Mais C lui-même est renfermé tout entier dans le terme A, d'où résulte la proposition suivante :

A est attribué à tout C.

Je mets l'une à côté de l'autre les deux propositions

que nous venons de constituer, dans l'ordre même où nous les avons formulées :

B est attribué à tout C.

A est attribué à tout C.

Il est facile de reconnaître, à la plus simple inspection, que ces deux propositions peuvent être considérées comme les deux prémisses de l'un des modes concluants d'un syllogisme de la troisième figure. Ce mode est le mode *darapti*, où le moyen terme est deux fois attribut, et dans lequel les deux prémisses sont toutes les deux universelles affirmatives.

La conclusion du mode *darapti* est une particulière affirmative, ce qui nous donne comme complément du syllogisme que nous avons commencé, la proposition suivante :

B est attribué à quelque A.

Mais, si nous avions changé l'ordre des prémisses, et mis la majeure à la place de la mineure et la mineure à la place de la majeure, la conclusion serait intervertie et donnerait :

A est attribué à quelque B.

Comparons maintenant cette conclusion avec la proposition qui nous avait servi de point de départ : comparons l'affirmative nouvelle, qui sert de conclusion à mon nouveau syllogisme, « A est attribué à quelque B, » avec l'ancienne affirmation qui m'a servi de point de départ, « A n'est attribué à aucun B. »

Évidemment, ce sont là deux propositions contradictoires qui diffèrent à la fois par la qualité et par la quantité.

Il faut donc, de toute nécessité, que l'une de ces contradictoires soit vraie, et que l'autre soit fausse.

Mais on nous avait donné comme vraie la proposition suivante :

A n'est attribué à aucun B.

Donc la conclusion de mon syllogisme est fausse.

Donc il est absurde de supposer qu'il ne soit pas vrai de dire que B n'est attribué à aucun A.

Ce qu'il fallait démontrer [1].

SECONDE DÉMONSTRATION.

L'universelle affirmative se convertit en affirmative particulière.

Si A est attribué à tout B, réciproquement B est attribué à quelque A.

En effet, si B n'était attribué à aucun A, d'après la

[1] J'appelle l'attention du lecteur sur l'unique passage d'Aristote où cette démonstration se trouve indiquée. (*Analyt. prior.*, cap. II, ap. Bekk. A 14.) Πρῶτον μὲν οὖν ἔστω στερητικὴ καθόλου ἡ Α Β πρότασις. Εἰ οὖν μηδενὶ τῷ Β τὸ Α ὑπάρχει, οὐδὲ τῶν Α οὐδενὶ ὑπάρξει τὸ Β · εἰ γάρ τινί, οἷον τῷ Γ, οὐκ ἀληθὲς ἔσται τὸ μηδενὶ τῶν Β τὸ Α ὑπάρχειν · τὸ γὰρ Γ τῶν Β τί ἐστιν.

Cette sorte de démonstration a reçu des commentateurs, prompts à justifier Aristote, le nom d'ἔκθεσις. Waitz la définit ainsi : « fit.... ἔκθεσις, si « unius termini duæ sunt partes, quarum altera ab altera separari debet, « ut demonstretur quod propositum est. »

L'ἔκθεσις leur a paru procéder par une suite d'identités, ce qui, d'après eux, sauverait Aristote du cercle : ils n'ont pas pris garde que toute identité peut se transformer en une proposition, et toute juxtaposition de deux propositions où le même terme est deux fois répété, en un syllogisme dont on peut chercher la figure comme le mode, et, le cas échéant, tirer la conclusion. Ici l'ἔκθεσις n'a pas, il est vrai, été conduite par Aristote jusqu'au raisonnement en *darapti;* mais elle ne saurait, en ce qui concerne son application à la démonstration de la conversion de la négative universelle, échapper à cette conséquence et par suite à ce sophisme.

démonstration précédente, il en résulterait, par conversion, que A ne serait attribué à aucun B.

Mais la proposition qui nous est donnée est la suivante :

A est attribué à tout B.

Nous sommes donc en présence de deux contraires.

Mais la loi des contraires s'exprime ainsi : Elles ne sauraient être vraies toutes les deux à la fois.

Or, on nous a donné pour vraie la proposition suivante :

A est attribué à tout B.

Donc sa contraire est fausse.

Or, cette contraire est la proposition suivante :

A n'est attribué à aucun B.

Donc l'hypothèse est fausse.

Donc B est attribué à quelque A.

Ce qu'il fallait démontrer.

TROISIÈME DÉMONSTRATION.

La particulière affirmative se convertit en une affirmative particulière.

Si A est attribué à quelque B, B est attribué à quelque A.

En effet, si, par hypothèse, B n'était attribué à aucun A, il résulterait du théorème premier que A ne serait attribué à aucun B.

Mais la proposition qui nous est donnée est la suivante :

A est attribué à quelque B. Or ces deux propositions sont contradictoires l'une par rapport à l'autre.

Donc l'hypothèse est absurde.

Donc B est attribué à quelque A.

Ce qu'il fallait démontrer.

QUATRIÈME DÉMONSTRATION.

La particulière négative ne se convertit pas.

Si A n'est pas attribué à quelque B, il ne s'ensuit pas que B ne soit pas attribué à quelque A.

En effet, si quelque animal n'est pas homme, il ne s'ensuit en aucune façon que quelque homme ne soit pas animal. Ce qui le prouve, c'est que, tout au contraire, on est dans le vrai en affirmant que tout homme est animal.

Sans entrer encore dans aucune critique, je me contenterai de faire au sujet de ces démonstrations les trois remarques qui suivent.

1° Toutes ces démonstrations s'appuient sur la conversion de l'universelle négative.

2° La conversion de l'universelle négative se démontre par un syllogisme du mode *darapti*, appartenant à la troisième figure.

3° L'impossibilité de la conversion de la particulière négative se démontre seulement à l'aide d'un exemple.

Il resterait à parler encore de la conversion des propositions individuelles et des propositions indéterminées.

Pour les indéterminées, nous avons déjà fait remarquer que leur essence même les exclut des raisonnements syllogistiques [1].

Quant aux propositions individuelles, Aristote n'a parlé nulle part de leur conversion. Un de ses commentateurs anonymes [2] nous apprend qu'à ce point de vue il les aurait regardées comme autant de propositions particulières. Pour moi, je me range à l'avis des logiciens modernes, je crois qu'il faut les regarder comme de véritables propositions universelles, puisque leur sujet est pris dans toute son extension, et non point du tout d'une façon particulière [3].

Quoiqu'il en soit, l'affirmative devient particulière après la conversion, et la négative reste générale, ce qui paraît confirmer pleinement notre opinion.

Je passe à la conversion des propositions modales.

CHAPITRE V

Conversion des propositions modales d'après Aristote.

Nous parlerons séparément de la conversion du nécessaire, et de la conversion du contingent ou du possible.

---

[1] Alex., fol. 53, b.

[2] Ζητοῦμεν ὅτι εἰ ταῦτα μόνα εἰσίν, οὐκ εἰσὶ καὶ τὰ καθ' ἕκαστα· λέγομεν ὅτι διὰ τῶν μερικῶν καὶ τὰ καθ' ἕκαστα εἰσήγαγεν· οὐδὲν γὰρ ἕτερόν ἐστι μερικὸν εἰ μὴ καθ' ἕκαστον ἁλώμενον· ἀλλ' οὐδὲ τὰ καθ' ἕκαστα ἕτερόν τί εἰσιν εἰ μὴ μερικὸν ὄπισθεν. (*Codex regius*, 2061, ap. Bekk. Schol., p. 148, b. 25.)

[3] Cf. *Logique de Port-Royal*, IIe partie, ch. iii; *Institutiones philosophicæ, vulgo dictæ Philosophia Lugdunensis*, t. I, diss. II, cap. ii, art. I, prop. 2.

1° Conversion des modales nécessaires.

« La conversion des modales nécessaires s'accomplit
« pour ainsi dire de la même manière que la conver-
« sion des propositions catégoriques [1]. L'universelle
« négative se convertit en négative universelle ; les
« deux affirmatives, générale et particulière, se con-
« vertissent l'une et l'autre en particulières [2]. Quant à
« la négative particulière, elle n'est point susceptible
« de conversion, et cela par la raison que nous avons
« dite plus haut [3]. »

On peut donc, comme on le voit, recommencer à
propos des modales nécessaires les quatre démonstrations que nous avons données au sujet de la conversion
des propositions catégoriques. Ces quatre démonstrations continuent à s'appuyer sur la propriété que présente la négative universelle de pouvoir se convertir en
une universelle négative.

2° Conversion des modales contingentes ou possibles.

La conversion des modales contingentes ou possibles
présente de bien autres difficultés. Nous avons fait ressortir plus haut de combien de manières on peut définir
le contingent ou le possible [4]. Sans rentrer dans tout ce
détail, « nous appelons contingent et ce qui est né-
« cessaire, et ce qui n'est pas nécessaire, et ce qui est
« simplement possible [5]. »

---

[1] *Analyt. prior.*, lib. I, cap. vιιι, § 2.
[2] Ibid., lib I, cap. ιιι, § 1. Cf. ibid., cap. vιιι, § 3.
[3] Ibid., lib. I, cap. ιιι, § 4.
[4] Voir plus haut : première partie, chap. ιιι.
[5] *Analyt. prior.*, lib. I, § 5.

Aristote a eu raison de dire que le possible enveloppe et comprend aussi bien l'existence nécessaire que l'existence pure et simple et que la simple éventualité [1].

Si l'on se sert du mot possible pour désigner ce qui existe ou ce qui n'existe pas, d'une façon nécessaire [2] ou simplement catégorique, il faut s'en tenir aux règles que nous avons démontrées pour les affirmatives et pour les négatives pures et simples ; ces quatre règles s'établissent alors par les mêmes raisonnements.

Avant de tracer les règles qui se rapportent aux modales du possible proprement dit, j'ai à faire une observation.

Dans tous les autres modes, la conversion consiste à mettre l'attribut à la place du sujet, et conséquemment le sujet à la place de l'attribut. On ne peut toucher en aucune manière à la qualité des propositions, c'est-à-dire changer l'affirmation en négation, ou la négation en affirmation, sans qu'il en résulte, non plus seulement une conversion, mais une opposition entre la proposition nouvelle et celle qu'on avait précédemment. Ainsi cette proposition : Il est nécessaire que tout A soit attribué à tout B, se convertit de la façon suivante : Il est nécessaire que quelque B soit attribué à tout A. On ne peut, en aucune façon, toucher au verbe *être attribué*, et y ajouter une négation sans avoir une opposition à la place d'une conversion. Il n'en va pas de même du possible ; on peut toujours changer la qualité de l'énonciation ,

---

[1] Ὁρίζεται... ἀποτεμόμενος τοῦ ἐνδεχομένου τὸ παρὰ τὸ ἀναγκαῖόν τε καὶ τὸ ὑπάρχον. (Alex., fol. 30, b.) Cf. *de Interpret.*, cap. xiii, § 11.

[2] *Analyt. prior.*, lib. I, cap. iii, § 6.

pourvu qu'on ne touche pas à celle du mode. Le changement de qualité dans l'énonciation ne porte aucune atteinte à l'essence de la modale du possible. Quant au mode, il ne faut point y toucher, ni surtout y introduire de négation. La négation du contingent donne le nécessaire, qui est son contradictoire [1].

Rien n'empêche, au contraire, en respectant le mode principal, de transformer l'énonciation affirmative en une énonciation négative, sans que les deux propositions deviennent contradictoires ni contraires. Soit, par exemple : — Il est possible que A soit attribué à B. Je puis parfaitement substituer à cette proposition la proposition suivante : — Il est possible que A ne soit pas attribué à B. Aristote l'a dit lui-même : « Le contingent « est ce qui n'est pas nécessaire et ce dont le contraire « ne souffre aucune difficulté [2]. » Il en résulte que, « ici, « l'affirmative n'est pas vraie plus que la négative [3], » et qu'elles peuvent être prises l'une pour l'autre, sans aucune espèce d'inconvénient.

Ce qui est proprement contingent ou possible, peut encore être conçu et défini de deux façons différentes. « Il y a d'abord ce qui arrive le plus souvent, sans ce- « pendant se réaliser d'une façon nécessaire ; par exem- « ple : l'homme blanchit, s'accroît, dépérit, présente en « un mot tous les phénomènes qu'engendre d'ordinaire « le cours normal de la nature... Il y a ensuite ce qui « est indéfini et purement indifférent, ce qui est d'une

---

[1] Voir plus haut, chap. III, et livre I, première partie, chap. IV.
[2] *Analyt. prior.*, lib. I, cap. XIII, § 2.
[3] *De Interpret.*, cap. IX, § 11.

« certaine façon, mais qui pourrait être tout à fait au-
« trement. Ainsi : l'animal se promène, et, pendant
« qu'il se promène, il se produit un tremblement de
« terre. J'en dis autant de tous les événements for-
« tuits [1]. »

L'une et l'autre de ces deux espèces de contingent se
convertissent, mais non pas de la même manière. La première espèce, celle qui se produit en vertu d'une cause
naturelle, se convertit, puisque l'événement n'est effectivement pas nécessaire. C'est ainsi qu'il entre dans les
choses possibles que l'homme ne blanchisse pas ; toutefois l'affirmation devient moins probable après la conversion, car des deux alternatives, il y en a une qui se
produit naturellement et l'autre par exception. Quant
au contingent pris dans le sens du pur indéfini, il se
convertit sans aucune réserve, puisqu'il n'y a aucune
raison pour affirmer plutôt l'une des deux alternatives
que l'autre [2].

Ces considérations sont tirées, comme on le voit,
non pas de la forme mais de la matière des propositions [3]. A ne considérer que la forme, le contingent na-

---

[1] *Analyt. prior.*, lib. I, cap. XIII, § 5.

[2] « Cette possibilité est toute naturelle ; il est possible que l'homme
« grisonne : car le plus ordinairement la tête de l'homme blanchit avec
« l'âge. Si l'on prend la proposition opposée , il est possible que l'homme
« ne grisonne pas, car il n'est pas du tout nécessaire que l'homme ne
« grisonne pas, et le plus souvent il grisonne. Le contingent indéterminé
« se convertit, dans la proposition opposée, en contingent tout aussi indé-
« terminé que lui. Ainsi : — il est possible que l'homme marche ; — il est
« possible que l'homme ne marche pas, sont deux possibles aussi indéter-
« minés l'un que l'autre. Voilà ce qu'Aristote veut dire. — (Barthélemy
Saint-Hilaire, tr., tom. II, p. 57.)

[3] Cf. *Analyt. prior*, lib. I, cap. XIII, § 6.

turel ne se convertit pas d'une autre manière que le contingent indéterminé.

D'après cette remarque on doit assigner les mêmes règles de conversion à ces deux espèces de contingent prises ensemble.

Ces règles sont les suivantes :

Première règle. L'universelle négative ne se convertit pas [1] en ses propres termes, elle devient particulière.

Deuxième règle. L'affirmative générale se convertit en particulière affirmative.

Troisième règle. L'affirmative particulière se convertit en particulière affirmative.

Quatrième règle. La particulière négative se convertit également en ses propres termes [2].

Je ne trouve point de démonstration de la seconde ni de la troisième règle dans Aristote; j'y trouve, au contraire, plusieurs démonstrations de la première et de la quatrième. J'expose ces démonstrations.

Aristote établit la première règle au moyen de trois argumentations différentes, que je vais faire connaître les unes après les autres.

---

[1] « Aut inique, aut obscure, aut imprudenter Aristoteles dixit univer- « salem negativam contingentem omnino non converti, quippe quæ, ut « infra amplius docebimus, convertatur, in particularem negativam, « veluti contingit : nullum hominem esse album, convertitur : contingit « aliquod album non esse hominem. » (Jul. Pacii, *Comment. Analyt.*, p. 122.)

[2] *Analyt. prior.*, lib. I, cap. iii, § 7.

PREMIÈRE DÉMONSTRATION DE LA PREMIÈRE RÈGLE.

Le point de départ est le suivant : il est possible que A ne soit attribué à aucun B.

Il s'agit de démontrer que, de cette proposition, on ne peut tirer par conversion la proposition suivante : il est possible que B ne soit attribué à aucun A.

Admettons que la supposition contestée soit vraie et qu'on puisse en effet affirmer la proposition suivante : il est possible que B ne soit attribué à aucun A.

Or, nous savons d'autre part que, dans les modales du possible, la qualité de la proposition qui suit l'énonciation du mode peut être changée, sans nul inconvénient et sans nulle contradiction ; la négative peut être substituée à l'affirmative et réciproquement. Donc, à la place de cette première proposition : il est possible que B ne soit attribué à aucun A, je pourrai prendre cette proposition équivalente : il est possible que B soit attribué à tout A.

Mais la proposition qui nous a servi de point de départ est la suivante : il est possible que A soit attribué à tout B. Or on ne saurait admettre en même temps les deux propositions : il est possible que A soit attribué à tout B, et il est possible que B soit attribué à tout A : car l'universelle affirmative contingente devient particulière par sa conversion [1].

La thèse qu'Aristote se propose d'établir est de la

----

[1] *Analyt. prior.*, cap. XVII, § 2.

plus parfaite exactitude, mais la démonstration dont il se sert n'est pas autre chose que le sophisme connu sous le nom de cercle vicieux. C'est ce qui sera démontré en détail dans la seconde partie de ce livre, au chapitre neuvième de cette seconde partie.

SECONDE DÉMONSTRATION DE LA PREMIÈRE RÈGLE.

Cette seconde démonstration repose sur la matière, et non plus sur la forme des propositions. Elle conclut par la force de l'exemple [1]. On n'emploie plus des lettres, mais des propositions ayant des termes spécifiés.

« Il est possible que la qualité d'être blanc ne soit
« pas à tous les hommes, parce qu'il est également
« possible qu'elle soit à tous. Mais on ne dira pas avec
« la même vérité en prenant la réciproque : Il est pos-
« sible que l'humanité ne soit à aucun être blanc.
« Il y a en effet beaucoup d'êtres blancs auxquels né-
« cessairement l'humanité n'appartient pas, or la
« proposition nécessaire exclut la proposition contin-
« gente [2]. »

En maintenant la négative générale après la con-

---

[1] Voir plus bas, livre III, seconde partie.

[2] *Analyt. prior.*, lib. I, cap. xvii, § 3.
« Contingent simple : il se peut qu'aucun homme ne se lave ; ce dernier
« contingent ne se convertit pas en ses propres termes ; car si l'on dit :
« Il se peut qu'aucun être qui se lave ne soit homme; non-seulement cela
« se peut d'une manière contingente, mais cela est absolument, puisque,
« en réalité, il y a des animaux autres que l'homme qui se lavent. »
(*Ad Analyt. prior.*, lib. I, cap. iii, § 7. Barthélemy Saint-Hilaire, tr.;
tom. II, p. 11.)

version, on porte atteinte, comme on le voit, à la modalité de la proposition ; la conversion donne alors, non point l'équivalente, mais l'opposée et la contraire de la proposition qui avait servi de point de départ.

TROISIÈME DÉMONSTRATION DE LA PREMIÈRE RÈGLE.

La troisième démonstration est d'une nature toute particulière, elle mérite d'arrêter l'attention des logiciens.

Elle repose sur cette remarque tout à fait originale, qu'il est impossible à un homme qui soutiendrait la légitimité de la conversion de la négative universelle contingente, d'arriver au moyen du raisonnement par l'absurde à démontrer ce qu'il soutient. Faisons voir qu'il en est ainsi.

Nous partons ensemble de cette proposition : il est possible que A ne soit attribué à aucun B. Vous croyez, à l'encontre de la règle troisième, pouvoir convertir cette proposition, et affirmer cette autre proposition que je nie : il est possible que B ne soit attribué à aucun A.

Si vous êtes dans le vrai, je vous prie de me faire voir, au moyen du raisonnement par l'absurde, que je me suis trompé, en regardant comme fausse cette proposition que vous tenez pour vraie : à savoir qu'il est possible que B ne soit attribué à aucun A.

Vous n'avez pas d'autre moyen, pour me réfuter à l'aide du raisonnement par l'absurde, que de prendre pour fausse cette même proposition que vous défendez, à savoir qu'il est possible que B ne soit attribué à aucun A. C'est en partant de cette hypothèse que, bon gré mal gré, vous devez me réduire à l'absurde par la seule force de vos arguments.

Maintenant que nous avons fortement établi notre point de départ, je suppose que vous entreprenez la démonstration en question, et, comme vous vous proposez d'employer la méthode de démonstration par l'absurde [1], la première chose que vous ayez à faire, c'est de prendre la contradictoire de la proposition que vous contestez et que je rappelle, à savoir que B peut n'être attribué à aucun A. En effet, c'est sur cette contradictoire que reposera toute l'argumentation ; c'est de cette contradictoire qu'il faut partir pour arriver à l'absurde.

Il est donc bien établi que sans cette contradictoire on ne saurait aboutir à aucun résultat.

Considérons maintenant s'il est en effet aussi facile qu'il le paraît, de prendre la contradictoire de cette proposition : B peut n'être attribué à aucun A.

Cette contradictoire s'exprime ainsi : il n'est pas possible que B ne soit attribué à aucun A. « Cette pro-« position peut être entendue dans deux sens bien diffé-« rents ; elle peut signifier que B appartient nécessaire-« ment à quelque A, ou que nécessairement B n'appar-« tient pas à quelque A [2]. »

---

[1] Voir plus loin, livre III, première partie.
[2] *Analyt. prior.*, lib. I, cap. xvii, § 4.

Mais dès qu'il y a deux contradictoires au lieu d'une, et qu'elles ont chacune une signification différente, on ne saurait en tirer ni une certaine négation, ni une certaine affirmation, puisque affirmation et négation peuvent être également obtenues.

Il est donc absolument impossible de procéder à l'aide du raisonnement par l'absurde, puisque l'on peut partir également de deux propositions contradictoires, et, par conséquent, aboutir également à deux propositions contradictoires.

Voilà ce que j'appellerai volontiers la démonstration par l'impossibilité de la réduction à l'absurde.

La quatrième règle est la suivante : *La contingente négative particulière se convertit en une particulière négative contingente.*

En effet, il est facile de voir que la négative, lorsqu'il s'agit du possible, ressemble de tout point à l'affirmative catégorique ; ce qui, nous l'avons vu, ne saurait exister pour les nécessaires. « Il y a là, en effet, une « différence absolue. Quand on nie au moyen d'une « proposition nécessaire, on nie d'une façon absolue « une chose qui, dans aucun cas, ne saurait avoir lieu. « Ce qu'on nie à l'aide d'une proposition contingente, « on ne se contente pas de le nier, mais on l'affirme, « pour ainsi dire, en même temps. Ce résultat sort de « la nature même du contingent, étant bien entendu « que nous parlons du contingent proprement dit, « lequel peut, tout à la fois, être et n'être pas. C'est « même le caractère spécial des propositions qui

« portent sur le possible, de pouvoir devenir affirma-
« tives de négatives qu'elles étaient [1]. Ainsi, s'il est
« possible que nul homme ne coure, il est également
« possible que tout homme coure [2]. » Donc « la possi-
« bilité d'être ou de n'être pas ne laisse pas de consti-
« tuer une allégation affirmative. Le verbe *être possible*
« tient dans le discours la place du verbe *être;* il en joue
« le rôle. Or le verbe être, quelle que soit la nature des
« attributs auxquels on le réunit, ne cesse pas, dans
« tous les cas possibles, de constituer une affirma-
« tion [3]. »

Je viens d'exposer, d'après Aristote, la théorie de
l'opposition et de la conversion des propositions tant catégoriques que modales. J'ai exposé également les démonstrations données par ce philosophe. Il nous reste
à voir, dans la seconde partie de ce livre, ce que nous
devons penser de ces théories d'Aristote et de la façon
dont il les démontre.

[1] Cf. *Analyt. prior.*, lib. I, cap. xiii, § 4.
[2] Jul. Pacii, *Comment. Analyt.*, p. 122.
[3] *Analyt. prior.*, lib. I, cap. iii, § 7.

LIVRE SECOND

SECONDE PARTIE

CRITIQUE D'ARISTOTE.

CHAPITRE PREMIER

Objet et division de cette seconde partie.

« Je dois adresser à mes futurs lecteurs et auditeurs
« une prière. Qu'ils veuillent bien excuser les imper-
« fections qui font défaut à l'achèvement de la mé-
« thode, et accueillir avec quelque faveur ce que l'au-
« teur aura pu découvrir [1]. »
Telles sont les paroles par lesquelles Aristote ache-
vait sa logique.

Ce grand philosophe estimait avec raison qu'il lui
avait été possible de faillir, en traitant un sujet si nouveau et encore inexploré. C'est donc sur l'autorité
d'Aristote lui-même que je m'appuie pour autoriser

---

[1] *Ref. Sophist.*, cap. xxxiv, § 10.

mes critiques contre Aristote. Je n'ai pas besoin de dire que ces critiques sont étrangères à tout esprit de dénigrement comme à tout besoin de nouveauté.

C'est aujourd'hui une opinion reçue qu'Aristote, à la fois l'inventeur et l'oracle de la logique, nous a donné non-seulement les véritables règles, mais encore les modèles les plus irréprochables de l'argumentation. Il n'est plus permis désormais de trouver, comme le disent les mathématiciens, des démonstrations scientifiques plus élégantes ou des raisonnements plus serrés [1]; il n'est plus permis de demander à de nouvelles recherches une évidence plus complète. Il semble que ce soit un sacrilége, non pas seulement de reprendre une erreur dans le philosophe grec, mais même d'y signaler ou d'y pressentir une inexactitude. Non-seulement on regarde la logique péripatéticienne comme infaillible, mais on ne veut plus accepter pour elle ces vieux reproches d'obscurité ou d'inélégance auxquels elle semblait pourtant résignée depuis long-temps [2].

Je ne voudrais point renouveler ici contre Aristote les attaques de Ramus et remplacer, comme il l'a fait trop souvent, les argumentations par des railleries ou des insultes. Il faut respecter les grands noms. Mais, pour Aristote comme pour Platon, les droits de la vérité doivent passer avant les devoirs du respect.

---

[1] « Peut-être n'existe-t-il pas un autre exemple d'un système aussi vaste, « composé de vérités aussi générales, aussi abstraites, et *aussi rigoureu-* « *sement démontrées...* » (Reid, *Remarques sur la Logique d'Aristote,* ch. iv, tr. Jouffroy, t. 1, p. 162.)

[2] Barthélemy Saint-Hilaire, tr., préface, t. I, p. xxv.

Je l'avouerai donc franchement, je me suis dit souvent, en lisant les *Analytiques*, que, sans doute, on accordait trop aux opinions reçues, et que l'on avait tort de soustraire ainsi à la critique moderne ce vieux monument de la philosophie.

Souvent je me suis demandé sur quels fondements reposait ce vaste ensemble, et je n'ai point trouvé dans Aristote de réponse satisfaisante à cette question.

Voici pourquoi je n'ai point été satisfait.

Tout l'édifice de la logique repose sur l'opposition et la conversion des propositions.

Il faudrait donc absolument que les lois de l'opposition et de la conversion des propositions fussent établies sur des fondements inébranlables.

Il me faut quelque courage pour oser le dire et pour braver ainsi le reproche de témérité ou d'orgueil : je ne rencontre pas le sol qui devrait porter l'édifice. Dès qu'on veut éprouver la solidité de ses fondements et de sa structure, on sent qu'il est incapable de résister et qu'il s'écroule à la première attaque. Je sens que je dois me hâter d'établir ces allégations exorbitantes, et de montrer ce qui manque à la doctrine d'Aristote. Voici l'ordre que je suivrai :

1° Je me demanderai quels sont les principes sur lesquels Aristote a appuyé les règles de l'opposition et de la conversion des propositions.

2° Je ferai voir que la démonstration donnée par Aristote n'a en réalité aucun fondement, et qu'elle demande à être reprise par sa base.

3° Je m'efforcerai d'arriver jusqu'au dernier fondement de la logique, jusqu'à ces principes incontestés, les seuls sur lesquels puisse s'établir définitivement la science.

4° Je signalerai les nombreuses erreurs de détail qui se rencontrent dans le cours des différentes démonstrations données par Aristote.

5° J'examinerai les principales objections soulevées par la logique péripatéticienne aux différentes époques de la philosophie.

6° Toutes les fois que nous aurons constaté l'absence ou l'insuffisance d'une démonstration dans Aristote, je m'efforcerai, autant qu'il me sera possible, d'y suppléer par des arguments nouveaux, tirés des principes fondamentaux de la logique.

C'est là une grande tâche à entreprendre; ce sont des questions bien difficiles à traiter. Toutefois, ce qui m'encourage, c'est l'intérêt qu'elles doivent à leur importance. La logique tout entière, dès que l'on omet ou que l'on ne résout qu'imparfaitement ces questions de principes, n'est plus qu'un ensemble d'hypothèses sans aucune valeur au point de vue de la vérité.

CHAPITRE II

Examen des principes sur lesquels reposent l'opposition et la conversion des propositions d'après Aristote.

« Toute science et tout enseignement ne s'appren-
« nent qu'au moyen de notions antérieures, et, pour
« s'en convaincre, il suffit de considérer les différentes

« espèces d'enseignements et de sciences [1]. » — « J'ap-
« pelle axiomes les vérités posées en principes, que
« doit avoir à sa disposition tout homme qui se propose
« d'apprendre ; il y a en effet des vérités de cette na-
« ture [2]. » — « Il faut de toute nécessité que les axiomes
« soient en dehors de la démonstration [3]. » — « Pour
« aborder la science, il faut déjà posséder les axiomes [4], »
puisque, sans eux, il n'y a, pour les sciences, ni existence ni certitude possibles.

Ces principes doivent nous apparaître comme évi-
dents et ne demandent aucune démonstration [5].

Appliquons à la logique d'Aristote la méthode
qu'il a lui-même indiquée : demandons-nous quels sont
les fondements sur lesquels s'appuient les règles qu'il
a données pour l'opposition et pour la conversion des
propositions. Nous verrons ensuite si ces principes
peuvent être considérés comme des axiomes.

Toute la théorie de l'opposition des propositions peut
se résumer dans les trois points suivants :

1° *De deux propositions contradictoires, il y en a une
vraie ;*

2° *De deux contraires, il y en a au moins une fausse ;*

3° *Les modales s'opposent entre elles suivant les mêmes
principes que les propositions catégoriques.*

---

[1] *Analyt. post.*, lib. I, cap. i, §§ 1, 2.
[2] Ibid., cap. ii, § 14.
[3] Ibid., cap. iii, § 4.
[4] *Metaphys.*, lib. (III) IV, cap. iii.
[5] Cf. *Analyt. post.*, lib. I, cap. ii, §§ 9, 10, 11. — Mor. Nic., lib. VI,
cap. iii. — Reid, *Essai sur les Facultés intellectuelles de l'Esprit humain,*
Essai I, ch. ii, tr. Jouffroy, t. III.

Pour ce qui regarde la conversion des propositions, Aristote n'a mis en avant aucun principe qui joue le rôle d'axiome. Il a fait plus : il a eu l'intention de donner une démonstration. Cette démonstration repose tout entière sur la légitimité de la conversion de la négative universelle ; la légitimité de la conversion de la négative universelle se démontre à son tour par l'argument de la réduction à l'absurde, lequel s'accomplit au moyen du mode *darapti* de la troisième figure.

J'élève contre la méthode d'Aristote les remarques qui suivent :

Il a employé comme autant d'axiomes, des propositions qui reposent elles-mêmes sur des principes supérieurs.

En ce qui regarde la conversion des propositions, il a pris un cercle vicieux pour une démonstration véritable, et il a laissé de côté l'axiome qu'il aurait pu et qu'il aurait dû invoquer pour rendre sa démonstration irréprochable.

Ce n'est pas qu'Aristote n'ait traité, dans la *Métaphysique*, précisément des axiomes dont je parle ; mais son tort a été de relier trop faiblement les *Analytiques* au reste de ses ouvrages, et en second lieu, dans ses recherches métaphysiques sur la nature et sur l'usage de ces axiomes, d'avoir perpétuellement confondu là forme avec la matière de ces affirmations [1].

J'espère que la vérité de ces deux observations ressortira des réflexions qui vont suivre.

---

[1] Voir plus loin, livre I, seconde partie.

CHAPITRE III

Indication des principes sur lesquels doivent reposer l'opposition et la conversion des propositions, ainsi que la logique tout entière.

Nous l'avons déjà dit, il faut, dans la logique, considérer séparément la matière et la forme des propositions. La logique ne saurait être une science purement formelle, puisque, dans ces conditions, elle se séparerait complétement de la réalité et ne porterait plus que sur des abstractions. Elle ne peut pas davantage se renfermer tout entière dans la matière de nos jugements, puisque, dans cette hypothèse, les lois et les règles du raisonnement syllogistique demeureraient sans application comme sans valeur.

Voilà pourquoi la logique renferme deux parties bien différentes. En premier lieu, elle fait ressortir l'existence de la vérité objective et détermine les conditions dans lesquelles cette vérité nous apparaît : c'est la première partie de la science. En second lieu, elle détermine les règles suivant lesquelles, étant donnée une proposition vraie, le raisonnement déductif peut en tirer des propositions nouvelles que la seule puissance de la forme rend vraies à leur tour.

Tout le problème est de déterminer les principes sur lesquels reposent les règles de la logique formelle.

Je dis que les règles de la logique formelle reposent

sur deux principes seulement, et que ces deux principes peuvent, l'un et l'autre, être considérés sous un double aspect, sous le point de vue formel et sous le point de vue objectif. C'est au moyen de ces deux axiomes ainsi envisagés que la seconde partie de la logique se relie à la première.

Rien de plus connu que ces deux principes; on leur a donné des noms qu'il ne faut pas changer. On les appelle : l'un, le principe d'identité; l'autre, le principe de contradiction. Nous les étudierons successivement sous le double point de vue de la matière et de la forme.

« Le plus certain de tous les principes, celui qu'il « est impossible de révoquer en doute, est le suivant : « ...... *Il est impossible que, dans le même temps, la* « *même qualité puisse être et n'être pas attribuée au* « *même être, pris sous le même point de vue* [1]. » La circonstance désignée par l'expression *dans le même temps*, laquelle se rapporte à un moment précis de la durée, témoigne assez que le principe en question n'est pas une pure affaire de forme, mais qu'il a trait à la matière même de nos jugements, suivant la juste remarque de Kant [2]. On pourrait commenter ainsi ce principe. Je vois que A existe, et que, dans la réalité, un certain attribut appartient à ce même être A; d'après cela, je dis que A existe, et que dans A existe un certain attribut. Au fond, je n'affirme rien autre

---

[1] *Metaphys.*, lib. (III) IV, cap. iii. — Cf. Ibid., lib. (X) XI, cap. v.
[2] Cf. *Critique de la Raison pure, Logique transcendantale*, des Principes de l'Entendement pur, sect. 1, tr. Tissot, p. 231.

chose que cette vérité : A est égal à lui-même [1]. Si cette affirmation cessait d'être vraie, il n'existerait absolument plus de vérité. Aucune affirmation n'est possible et légitime qu'à la condition de répondre en effet à la réalité.

Ainsi le principe d'identité n'est pas autre chose que l'affirmation de la vérité, de l'être, de la persévérance de l'être dans son essence propre. Si, dans l'ordre des réalités, le fond des êtres changeait, il n'y aurait plus aucune affirmation possible, et nous nous trouverions entraîné malgré nous à la doctrine d'Héraclite [2].

Non-seulement nous affirmons que ce qui est existe en effet, mais encore que ce qui est ne saurait en même temps ne pas être. Par exemple, si A égale A, il ne saurait être vrai en même temps que A égale non A [3]. Il en résulte la conséquence que voici : c'est que, dès que nous en sommes venus à affirmer une vérité quelconque, nous n'hésitons pas à regarder comme fausse toute proposition qui contredit cette vérité. Ainsi, étant donnée une affirmation vraie laquelle repose sur le principe d'identité, on est conduit à déclarer fausse toute proposition qui se trouve en désaccord avec cette

---

[1] « Les vérités primitives de raison sont celles que j'appelle d'un nom « général, *identiques*, parce qu'il semble qu'elles ne font que répéter la « même chose sans rien nous apprendre. Elles sont affirmatives ou néga- « tives : les affirmatives sont comme les suivantes : chaque chose est ce « qu'elle est. Et dans autant d'exemples qu'on voudra, A est A; B est B; « je serai ce que je serai; j'ai écrit ce que j'ai écrit. Et rien, en vers « comme en prose, c'est être rien ou peu de chose. » (Leibnitz, *Nouveaux Essais sur l'Entendement humain*, liv. IV, ch. II, § 1. — Cf. Id., ibid., ch. VIII, § 3.)

[2] *Metaphys.*, lib. (III) IV, cap. VI.

[3] Cf. Leibnitz, l. l.

affirmation. Dans l'ordre des réalités, au point de vue objectif, *la même chose ne saurait à la fois être et n'être pas* [1].

Voilà le principe qu'on appelle principe de contradiction. Au premier abord, il paraît, comme le principe précédent, n'avoir trait qu'à la matière; en effet, nous appelons erreur un jugement auquel ne correspondent point les réalités, et vérité un jugement dont l'objet existe et nous apparaît. Nous allons voir bientôt quelle est leur valeur formelle.

De la solidarité des deux principes d'identité et de contradiction naît un troisième principe.

« Il n'est point possible, entre deux propositions qui
« se contredisent, de concevoir aucune proposition in-
« termédiaire; il faut nécessairement choisir entre
« l'affirmation et la négation. C'est ce qui ressort ma-
« nifestement de la définition même de la vérité
« comme de l'erreur. Celui qui affirme la non exis-
« tence de l'être, ou telle qualité du non être, commet
« une erreur : celui qui affirme l'existence de l'être,
« ou la non existence du non être, est dans le vrai.
« Ainsi, soit qu'on affirme, soit qu'on nie, on est tou-
« jours dans le vrai ou dans le faux [2]. » Dès qu'il n'existe dans la réalité aucun milieu possible entre être et n'être pas [3], toutes les affirmations sont, de toute nécessité, ou vraies ou fausses. C'est ce principe qui a reçu dans les écoles le nom de *principe de l'exclusion*

<hr>

[1] *Metaphys.*, lib. (III) IV, cap. IV.
[2] Ibid., lib. (III) IV, cap. VII.
[3] Cf. Ibid., lib. (III) IV, cap. VI.

d'une troisième alternative (principium exclusi tertii). Ce principe est, pour ainsi dire, renfermé tout entier dans les deux autres dont je viens de parler, c'est-à-dire dans le principe d'identité et dans le principe de contradiction.

Ces trois principes se retrouvent dans toutes les philosophies, comme dans toutes les intelligences. Sans eux, plus de démonstration ni de vérité. Il est facile de voir, d'après ce qui a été dit plus haut, que tous les trois peuvent aisément se réduire à un seul. « Le principe d'identité est en effet, par son essence, le point de départ de tous les axiomes [1]. » — « ..... S'il est des jugements qui soient dispensés de démonstration, le principe d'identité est particulièrement dans ces conditions [2]. »

Il faut donc, ou renoncer à toute possession de la vérité, ou reconnaître qu'aucune objection ne saurait être élevée contre les trois principes que nous avons posés. S'il existe quelqu'un d'assez insensé, d'assez absurde pour oser prétendre que la vérité n'existe pas, et qu'il ne saurait y avoir de raison pour préférer une affirmation quelconque à une autre affirmation, « pourquoi le voit-on se rendre à Mégare, au lieu de rester en repos, tout en croyant y aller? Pourquoi ne va-t-il pas, dès la première aurore, se jeter dans quelque puits ou dans quelque précipice? Il a donc quelque crainte; il ne regarde donc point comme indifférent

---

[1] *Metaphys.*, lib. (III) IV, cap. III.
[2] Ibid., lib. (III) IV, cap. IV.

« de tomber dans un gouffre; il ne regarde donc point
« comme égales ses actions ni ses pensées, puisqu'il
« considère comme meilleur de se désaltérer ou d'aller
« voir un homme dont il a besoin, et puisqu'il se gou-
« verne en conséquence [1]. »

Il résulte de ce que nous venons de dire que ces trois
principes nous ont apparu jusqu'ici comme applicables
à la matière, et non point à la forme de nos jugements,
comme représentant l'essence objective des choses et
non point les rapports abstraits de nos idées. Si ces
principes n'avaient pas une autre portée, ils demeureraient en dehors de la seconde partie de la logique,
c'est-à-dire de la logique formelle.

Kant, nous avons eu déjà occasion de le dire [2], est
tombé dans une erreur toute contraire [3]. Il s'est représenté la logique comme renfermée tout entière dans
la forme : les principes dont nous avons parlé n'auraient, suivant lui, d'autre emploi que celui d'établir
des relations abstraites entre nos idées, sans tenir
aucun compte du vrai ni du faux objectif, non plus
que des réalités elles-mêmes.

Bien que cette doctrine soit fausse en principe, il
n'est pas impossible d'y recueillir quelques vérités.

Je suppose que deux termes me soient donnés pour
en faire une proposition : chacun de ces deux termes

[1] *Metaphys.*, lib. (III) IV, cap. IV.
[2] Voir plus haut, livre I, seconde partie, chap. IV et VI.
[3] Cf. *Critique de la Raison pure, Logique transcendantale, Système des Principes de l'Entendement pur*, sect. 1, tr. Tissot; 1re édit., t. I, p. 228-229; *Logique*, Introd., VII, tr. Tissot, p. 78. — *Principiorum primorum cognitionis metaphysicæ nova dilucidatio*, 1755, *Op.* t. IV, p. 423.

renferme telle ou telle idée. Je me demande maintenant si la proposition que je vais énoncer doit être affirmative ou négative. Je n'ai point à examiner si chacun des termes, pris séparément, trouve en effet sa représentation dans la nature; cette considération n'a aucune valeur dans la logique formelle. Je me demande si, entre les idées qui constituent chacun de ces deux termes, il se manifeste à mon esprit une affinité quelconque que je ne saurais me dispenser de concevoir, affinité d'où résulte une attribution générale ou particulière; ou bien si, au contraire, ils ne répugneraient pas l'un à l'autre, répugnance qui entraînerait une exclusion générale ou particulière.

Par exemple, entre les deux quantités $2 + 2$ et le nombre 4, j'aperçois un rapport que les sciences mathématiques expriment ainsi : $2 + 2 = 4$.

Il y a une différence incontestable entre ces deux opérations de l'esprit : chercher si dans la nature des choses existe un certain objet, et, dans cet objet, un certain attribut; et se demander si, entre deux idées composées l'une et l'autre d'éléments déterminés, il existe un rapport d'attribution ou d'exclusion, aperçu par notre entendement.

J'avais déjà touché plus haut un mot de ce problème, mais j'ai cru devoir y revenir pour en rendre la solution plus claire. Il faut proportionner les efforts de son esprit aux difficultés de la question.

Je vais donc maintenant considérer, au point de vue de la forme, les trois principes que je viens d'étudier au point de vue de la matière, à savoir :

1° Le principe d'identité ;

2° Le principe de contradiction ;

3° Le principe de l'exclusion d'une troisième alternative.

Si, entre deux termes donnés, j'aperçois une similitude ou une égalité quelconque, j'en fais une proposition affirmative que je formule ainsi : A = B. Il n'est aucunement nécessaire que mon esprit vérifie ou conçoive la réalisation objective du terme B non plus que du terme A. Il suffit que ces deux termes me soient donnés l'un et l'autre, et que, des deux côtés, j'aperçoive, entre les idées qui les constituent, des rapports d'union et d'égalité. L'affirmation est ici purement formelle ; c'est sur les idées et non point sur les choses qu'elle porte.

Considérés sous ce nouveau point de vue, le principe d'identité, comme le principe de contradiction, ne conduisent plus ni l'un ni l'autre à la connaissance des réalités [1]. J'aperçois dans l'attribut une qualité qui

---

[1] « ...85... Cette vérité ou proposition : 2 et 2 font 4, ne donne à notre
« esprit la connaissance d'aucun objet qui soit hors de lui : et n'y eût-il
« au monde qu'un seul esprit, il serait toujours vrai que 2 et 2 font 4 ;
« car cette même proposition, 2 et 2 font 4, n'énonce rien au fond, sinon
« que, quand l'idée de deux est répétée ou prise deux fois, on lui donne
« le nom de quatre ; ainsi quatre n'est autre chose que deux pris deux
« fois, comme deux n'est autre chose qu'un pris deux fois, ce qui, au
« fond, n'est nullement une première vérité externe qui fasse connaître
« la conformité de notre pensée avec aucun objet hors de notre pensée
« actuelle....

« 86. Ces sortes de premiers principes, au fond, ne sont que des vérités
« logiques ou internes et de pures liaisons d'idées, sans qu'elles nous
« indiquent aucune vérité sur l'existence des choses. Que si nous ne con-
« naissions que ces vérités abstraites, nous ne connaîtrions que des

convient au sujet; mais ce sujet, comme cet attribut, ne sont rien autre chose qu'une pure conception de notre esprit. Dire que l'attribut convient au sujet, c'est dire que la totalité du sujet, où une partie de ce même sujet convient à une partie de l'attribut. De même qu'au point de vue objectif j'affirme que l'être demeure identique et égal à lui-même, au point de vue de la forme j'affirme qu'une certaine idée est identique à une autre idée, au point d'en être l'équivalent et de pouvoir, au besoin, être prise pour elle.

Le principe d'identité, en tant qu'on l'applique à la forme de nos idées, repose au fond sur l'application objective, qui seule le légitime et le justifie. Si la vérité n'existait pas, si aucune affirmation ne reposait sur les réalités elles-mêmes et n'était faite pour les représenter, il n'y aurait plus ni affirmation ni négation, pas même formelles. Le principe d'identité ne peut, dans la logique formelle, s'appliquer à l'union ou à la séparation des termes, de manière à engager des affirmations ou des négations, qu'à la condition d'avoir un fondement solide dans nos esprits, qu'à la condition de s'appliquer aux êtres concrets, avant de s'appliquer aux formes abstraites.

J'en dirai autant du principe de contradiction. C'est d'abord dans le monde réel que le même être nous apparaît, comme ne pouvant pas tout à la fois être et n'être pas; il s'ensuit qu'aucune affirmation portant

« liaisons d'idées, telles que sont les connaissances ou démonstrations « de la géométrie. » (Voy. Buffier, *Traité des premières Vérités*, ch. XI. Cf. ch. VI, n° 49; ch. XXVI, n° 364.)

sur les réalités, ne peut être tout à la fois vraie et fausse, et par conséquent que la vérité exclut l'erreur et réciproquement.

Il en est de même dans l'ordre formel. Dès que l'attribut nous a apparu comme convenant au sujet, il n'est plus possible qu'en même temps il ne lui convienne pas [1]. Ici je ne dirai plus, comme précédemment, que, dans la nature des choses, le même attribut ne saurait tout à la fois exister et ne pas exister; je dirai que notre esprit ne saurait concevoir deux idées qui, tout à la fois, se conviennent et se repoussent. Précédemment c'étaient les réalités, ici ce sont les conceptions de notre esprit qui se combattent et s'excluent.

La raison pour laquelle on ne saurait concevoir et affirmer en même temps deux concepts contradictoires, c'est précisément l'impossibilité de la coexistence des objets qui correspondent à chacun d'eux, et qui s'excluent dans la réalité. C'est ainsi que le principe de contradiction, en tant qu'il s'applique à la logique formelle, dérive de cette autre forme du même principe qui nous permet d'affirmer la vérité objective dans la première partie de la logique.

Enfin, j'en dirai autant du principe de l'exclusion d'une troisième alternative, que nous avons placé

---

[1] « Le principe ou attribut qui répugne à une chose ou ne lui convient point, s'appelle principe de contradiction. C'est un critérium universel de toute vérité, quoique purement négatif; mais il appartient tout à fait à la logique, puisqu'il vaut pour les connaissances purement comme connaissances en général, sans égard à leur objet, et prononce que la contradiction fait complétement disparaître ces connaissances. » (Kant, *Critique de la Raison pure*, *Logique transcendantale*, *Système des Principes de l'Entendement pur*, sect. 1, trad. Tissot; 1re édit., p. 229.)

le dernier. Au point de vue objectif, nous affirmons qu'il n'y a point de milieu entre l'être et le non être. Dès qu'il n'y a pas de milieu dans la réalité entre le néant et l'être, il n'y a pas non plus, pour nos affirmations objectives, de milieu possible entre la vérité et l'erreur.

Si maintenant certains rapports de convenance nous apparaissent, non plus entre les choses, mais entre les idées, il en résulte que des rapports de disconvenance entre ces mêmes idées ne sauraient, en même temps, être conçus et affirmés. Notre esprit ne saurait concevoir, et exclure l'un de l'autre en même temps qu'il les conçoit, deux concepts contradictoires représentant, l'un la convenance, l'autre la disconvenance des deux idées, qu'à une seule et unique condition. Il faut, de toute nécessité, qu'entre ces deux concepts, il n'y ait pas une troisième alternative où puisse se réfugier notre esprit [1]. C'est ainsi que le principe de l'exclusion d'une troisième alternative trouve son application dans l'ordre formel aussi bien que dans l'ordre objectif, et convient aux idées en même temps qu'aux choses.

Disons une dernière fois que ce principe, comme les deux autres, n'a d'application utile dans l'ordre formel que parce qu'il a en effet une valeur objective. S'il cesse d'être vrai qu'entre l'être et le non être, qu'entre la vérité et l'erreur il n'y a pas de milieu possible, c'est tout à la fois une témérité et une erreur de notre esprit d'affirmer, qu'entre la convenance et la discon-

---

[1] Ἀλλὰ μὴν οὐδὲ μεταξὺ ἀντιφάσεως ἐνδέχεται εἶναι οὐθέν, ἀλλ' ἀνάγκη ἢ φάναι ἢ ἀποφάναι ἓν καθ' ἑνὸς ὁτιοῦν. (*Metaphys.*, lib. (III) IV, cap. vii)

venance des deux mêmes termes abstraits, il ne saurait concevoir de milieu.

Il y a une dernière remarque à faire sur ce troisième principe, et cette remarque est de la plus haute importance. C'est par lui, pour ainsi dire, que s'accomplit l'union de la matière et de la forme.

Je suppose que l'on me donne la proposition suivante : A égale B ; mon esprit conçoit une certaine identité entre les deux termes de cette proposition. Il en résulte qu'on ne saurait affirmer la proposition : A n'égale pas B.

Ici deux hypothèses se présentent, qu'il faut discuter à part.

Première hypothèse. Le lien qui unit entre eux ces deux termes peut m'échapper ; toutefois, le principe de l'exclusion d'une troisième alternative m'apprend que, de ces deux propositions opposées, il y en a une qui doit être admise et l'autre qui doit être exclue.

Seconde hypothèse. Il peut se faire que j'aperçoive en effet, entre les deux termes logiques de la proposition, certaines affinités faites pour me conduire à une affirmation formelle ; mais il peut se faire aussi que j'ignore si, entre les réalités auxquelles correspond chacun de ces deux termes, il y a en effet le même lien que j'aperçois entre les idées. Je dis que le principe de l'exclusion d'une troisième alternative suffit pour me permettre de revenir de la forme à la matière de nos jugements.

Étant données deux propositions purement formelles, dans lesquelles nous apercevons la convenance des termes entre eux, et non point du tout la convenance de ces termes supposés abstraits avec les réalités concrètes, je dis qu'on est en droit d'affirmer que, de deux propositions, contradictoires selon la forme, il y en a nécessairement une qui est vraie selon la matière. En effet, si deux propositions par lesquelles on affirme tout à la fois l'être et le non être étaient fausses toutes les deux en même temps, il y aurait donc je ne sais quelle troisième alternative qui serait la vraie. Il existerait donc quelque chose d'intermédiaire entre l'existence et le néant, absurdité à laquelle s'oppose non pas seulement la toute-puissance des contradictions logiques, mais l'essence métaphysique des réalités.

On le voit : le principe de l'exclusion d'une troisième alternative, même à ne le prendre que dans son application purement formelle, nous ramène à des affirmations qui portent en effet sur des réalités.

Je résume cette longue étude.

Il y a deux parties fondamentales dans la logique : dans la première, on se demande quelles sont les conditions de légitimité de nos affirmations objectives ; dans la seconde, quelles lois président aux combinaisons abstraites de nos idées. L'analyse de notre entendement nous y a fait découvrir les trois principes fondamentaux de l'identité, de la contradiction, enfin de l'exclusion d'une troisième affirmative. Ces trois principes suffisent, pour ainsi dire, pour enfermer toute la logique : on peut les rapporter tour à tour à la matière comme à la forme de nos jugements, à cette condition toutefois de ne point perdre de vue que la légitimité de leur usage formel se justifie par leur valeur et leur origine objectives.

Ce sont encore ces mêmes principes qui sauvent la logique formelle et empêchent qu'elle ne se réduise à n'être plus qu'une vaine fantasmagorie de pensées et d'actions. Ce sont eux qui permettent de démontrer aisément et sans sophismes les lois de l'opposition et de la conversion des propositions logiques.

CHAPITRE IV

Démonstration de l'opposition des propositions.

Toute la logique d'Aristote sur l'opposition des propositions, soit pures, soit modales, repose sur trois principes.

Premier principe : *De deux contradictoires, il y en a une vraie.*

Deuxième principe : *De deux contraires, il y en a au moins une fausse.*

Troisième principe : *L'opposition des propositions modales repose sur les mêmes fondements métaphysiques que l'opposition des propositions catégoriques.*

Nous avons eu déjà l'occasion de dire plus haut qu'aucun de ces trois principes ne saurait jouer le rôle d'axiome, qu'aucun d'eux ne se suffit à lui-même, et qu'ils ont, chacun en particulier, besoin d'une démonstration. C'est cette démonstration que nous allons essayer de donner.

PREMIER PRINCIPE.

De deux contradictoires il y en a une vraie.

Cette règle se démontre avec la plus grande facilité, au moyen du principe de l'exclusion d'une troisième alternative, combiné avec le principe de contradiction.

On définit les contradictoires : deux propositions de qualité et de quantité opposées.

Deux propositions sont de quantité opposée lorsque le sujet est pris, ici dans sa totalité, et là seulement en partie.

Or, à ne regarder que la quantité, il n'existe pas, et l'on ne saurait concevoir un milieu quelconque entre le tout d'un côté et les parties de l'autre.

Passons maintenant à la qualité. Si je considère les contradictoires au point de vue de la qualité, je m'aperçois qu'il y en a une affirmative, et l'autre négative.

Il n'existe pas, et l'on ne saurait concevoir de milieu entre l'affirmation et la négation, pas plus qu'entre le tout et les parties.

Donc, en vertu du principe de contradiction et du principe de l'exclusion d'une troisième alternative, il y a une de ces deux propositions qui est vraie. Ce qu'il fallait démontrer.

SECOND PRINCIPE.

De deux contraires, il y en a une fausse.

Cette règle comporte deux démonstrations différentes.

Il faut prouver :

Premièrement, que *deux contraires ne sauraient être vraies en même temps.*

Secondement, que *deux contraires peuvent en même temps être fausses.*

Première partie de la démonstration :

Deux contraires ne peuvent être vraies en même temps.

Les contraires sont opposées l'une à l'autre suivant la qualité seulement.

Au point de vue de la quantité, elles ne sont point opposées l'une à l'autre comme le sont les contradictoires.

Dans les contraires, le sujet est pris universellement, soit dans l'affirmative, soit dans la négative.

Il en résulte qu'entre *tout* et *aucun*, on peut concevoir un intermédiaire, qui est *quelques-uns*.

Malgré cette remarque, à supposer que l'une des deux contraires soit vraie, je dis que l'autre est fausse.

Il n'est pas besoin, pour établir cette règle, du principe de l'exclusion d'une troisième alternative, il suffit du principe de contradiction.

Nous avons en effet deux propositions qui, avec un sujet identique, s'opposent l'une à l'autre suivant la qualité.

On ne saurait admettre, en vertu du principe de contradiction, que deux propositions opposées puissent être vraies en même temps.

Seconde partie de la démonstration :

Deux contraires peuvent être fausses toutes les deux en même temps.

Il suffit de remarquer qu'entre deux contraires, nous ne sommes pas tenus d'affirmer nécessairement l'une ou l'autre, comme nous venons de le faire voir; il existe une intermédiaire entre l'universelle affirmative et l'universelle négative; cette intermédiaire est la proposition particulière. Il peut très-bien arriver que la proposition particulière soit seule vraie, et que les deux universelles soient également fausses toutes deux.

TROISIÈME PRINCIPE.

L'opposition des propositions modales repose sur les mêmes principes que l'opposition des propositions catégoriques.

Nous n'avons point à apporter ici de démonstration nouvelle : ce sont toujours les mêmes principes; c'est toujours la même manière de les appliquer. On doit faire remarquer qu'entre le possible et l'impossible, le contingent et le non contingent, il n'existe pas non plus d'intermédiaire. Chacun peut ici reconstruire les démonstrations qui se trouvent plus haut. Je ferai seulement remarquer, en ce qui regarde le nécessaire, qu'il y a plusieurs façons de le nier. Dès qu'on affirme qu'une chose n'est pas nécessaire, il reste encore à chercher si elle existe véritablement, ou si elle est simplement possible : l'existence, comme la possibilité pure, sont également opposées à la nécessité. J'en dirai autant de la nécessité par rapport au contingent : au contingent s'opposent également, et l'existence possible et l'existence nécessaire.

Je ne voudrais point qu'on regardât comme inutiles nos efforts pour démontrer des propositions qui peuvent paraître évidentes. Dans tous les cas, nous les avons établies au moyen de propositions plus évidentes encore. Il ne faut point, comme on l'a dit, multiplier les axiomes au delà de la nécessité[1]. Dès qu'on se laisse aller complaisamment à je ne sais quelle évidence menteuse, il n'y a plus ni évidence ni certitude. Le plus infaillible chemin du doute est justement l'excès de la crédulité.

CHAPITRE V

Critique de la doctrine d'Aristote relative à la conversion des propositions pures.

La logique d'Aristote présente ici un singulier contraste. Tandis qu'il n'a donné aucune démonstration des règles qui président à l'opposition des propositions, il s'efforce ici d'établir à l'aide d'argumentations compliquées, les règles de la conversion des propositions, tandis qu'il suffirait, pour en venir à bout, d'y appliquer directement le principe d'identité.

Je critiquerai d'abord dans Aristote l'ordre suivant lequel il a disposé ses démonstrations.

---

[1] « Je croyais que c'était toujours autant de gagné que d'avoir diminué « le nombre des axiomes. » (Leibnitz, *Nouveaux Essais sur l'Entendement humain*, liv. IV, ch. VII, § 1.)

Cet ordre est le suivant [1] :

Conversion

1° De l'universelle négative ;

2° De l'universelle affirmative ;

3° De la particulière affirmative ;

4° De la particulière négative.

Je trouve, dans cet ordre, deux choses à reprendre.

1° Avant de nier nous affirmons ; la négation suit l'affirmation et ne la précède point [2]. Aristote, en établissant cet ordre de conversion, a méconnu les lois les mieux établies de notre entendement.

2° Dès que le philosophe grec prenait son point de départ dans les négatives, on ne comprend plus pourquoi il a placé la dernière la particulière négative, et pourquoi, entre la négative universelle et la négative particulière, il a intercalé les affirmatives. Il a pu rendre ainsi sa démonstration plus facile, mais non pas plus exacte.

Je ne veux pas m'arrêter trop longtemps à ces remarques préliminaires. Bien qu'elles ne laissent pas d'avoir leur valeur, elles se réduisent à peu de chose, au prix des erreurs considérables dans lesquelles Aristote est tombé ici.

Examinons la preuve par laquelle il démontre la conversion de la négative universelle, ou, en d'autres termes, que si A n'est attribué à nul B, il en résulte réciproquement que B ne doit être attribué à nul A.

---

[1] *Analyt. prior.*, lib. I, cap. II.

[2] *Analyt. post.*, lib. I, cap. XXV.

— 146 —

Voici l'argumentation d'Aristote, mise sous sa forme logique inévitable.

Soit B attribué à quelque A, et par exemple à C, nous aurons :

A est attribué à tout C.

B est attribué à tout C.

Donc A est attribué à quelque B [1].

C'est là un excellent syllogisme dans le mode *darapti* de la troisième figure.

Examinons jusqu'à quel point il est légitime d'employer ici un des modes de la troisième figure.

Comment savoir que, dans un argument en *darapti*, on est fondé à conclure la proposition I, c'est-à-dire la particulière affirmative ? Le mode *darapti* se ramène directement par la conversion de la mineure au mode *darii* de la première figure. Le mode *darii* peut à son tour se démontrer par l'absurde, à l'aide du mode *celarent* de

[1] Je signale ici l'erreur de Thomas Reid. Ce philosophe a cru que, dans la démonstration de la première règle, Aristote faisait usage de la troisième, c'est-à-dire de la conversion de l'affirmative particulière, d'où résulterait, suivant lui, un cercle vicieux. L'argumentation d'Aristote repose en effet sur un cercle vicieux, mais l'origine de ce sophisme n'est point celle que signale le philosophe écossais. Il n'a point pris garde qu'il se produisait un syllogisme nouveau, lequel est ainsi formulé dans Aristote :
B est attribué à tout C.
A est attribué à tout C.
D'où la conclusion :
B est attribué à quelque A.
Je ne nie point qu'avec une conclusion semblable, il ne faille avoir recours à une conversion pour contredire la proposition générale : A n'est attribué à aucun B ; mais Reid n'a point pris garde qu'on peut toujours changer, dans le syllogisme, l'ordre des prémisses. Avec cette transposition, on obtient directement pour conclusion : A est attribué à quelque B, proposition qui contredit directement la négative générale. Au reste voici les paroles de Reid.

la première figure, en prenant pour point de départ la contradictoire de la conclusion. Il est donc bien évident que le mode *darapti* ne se démontre et ne se légitime que par sa réduction à la première figure, et qu'il ne peut être ramené à l'un des modes de la première figure que par la conversion de la mineure [1]. Donc Aristote est tombé dans un cercle vicieux, puisqu'il démontre la conversion de la négative universelle par le mode *darapti*, tandis que le mode *darapti* lui-même ne se démontre que par la conversion de la mineure, laquelle mineure est la proposition A, c'est-à-dire l'affirmative universelle. Enfin, ce qui achève le cercle, la conversion de la proposition A se démontre au moyen de la conversion de la négative universelle. La démonstration d'Aristote n'a donc absolument aucune valeur [2].

La démonstration donnée par Aristote pour les trois

Il commence par citer Aristote (*Analyt. prior.*, lib. I, cap. ii, § 6), puis il ajoute : « Si je comprends bien cette démonstration, on y prend pour « accordée la troisième règle de conversion, que si B est dans quelque A, « alors A doit être dans quelque B ; la preuve repose tout entière sur la « vérité de cette règle. Mais si la troisième règle est admise en démonstra- « tion de la première, la démonstration de toutes les trois n'est qu'un cercle « vicieux : car la seconde et la troisième sont prouvées par la première. « C'est un sophisme qu'Aristote condamne, et dont je ne l'accuserais pas « si je pouvais interpréter autrement sa démonstration. » (Th. Reid, *Analyse de la Logique d'Aristote*, ch. iv, sect. 1, trad. Jouffroy, t. I, p. 168.)

[1] Cf. *Analyt. prior.*, lib. I, cap. xxvi ; id., ibid., cap. vii ; id., ibid., cap. xlv.

[2] Leibnitz s'est donc trompé lorsqu'il a dit : « Pierre de La Ramée... si je « ne me trompe, objecta le cercle aux logiciens qui se servent de la con- « version pour démontrer ces figures, quoique ce ne fût pas tant le cercle « qu'il leur fallait objecter, *car ils ne se servaient point de ces figures* « *à leur tour pour justifier les conversions*, que l'*hysteron proteron* ou le « rebours, parce que les conversions méritaient plutôt d'être démontrées « par ces figures que ces figures par les conversions. » (*Nouveaux Essais sur l'Entendement humain*, liv. IV, ch. ii, § 1.) Ce n'est pas la seule erreur de Leibnitz sur les conversions, comme nous le verrons tout à l'heure.

autres règles de la conversion n'appelle aucune remarque. Il me suffira de faire remarquer que tout cet appareil était superflu, et qu'il est aussi inutile à invoquer qu'impuissant à conclure. Il suffit d'appliquer à chacune de ces conversions le principe de l'identité, pour les démontrer directement avec la plus grande facilité, et pour s'épargner tout le travail qu'Aristote a prodigué sans résultat.

CHAPITRE VI

Critique de la doctrine de Leibnitz, relative à la conversion des propositions pures.

Leibnitz a proposé, pour démontrer les règles de la conversion des propositions pures, une nouvelle méthode qui ne me paraît point heureuse. Il avait remarqué qu'on peut au besoin faire usage, dans la logique, de ces sortes de propositions qu'on appelle des *identiques*, et dans lesquelles le sujet et l'attribut sont le même terme deux fois répété. Par exemple : A égale A, B égale B; et, pour venir à bout de la démonstration, il emploie les *identiques* de la manière suivante. Je citerai les propres paroles de Leibnitz.

« 1. Nul A est B, donc nul B est A.

« Démonstration de la première conversion en *cesare*, qui est de la seconde figure :

« Nul A est B,

« Tout B est B,

« Donc nul B est A.

« 2. Quelque A est B, donc quelque B est A.

« Démonstration de la seconde conversion en *datisi*,
« qui est de la troisième figure :

« Tout A est A,

« Quelque A est B,

« Donc quelque B est A.

« 3. Tout A est B, donc quelque B est A.

« Démonstration de la troisième conversion en *da-*
« *rapti*, qui est de la troisième figure :

« Tout A est A,

« Tout A est B,

« Donc quelque B est A [1]. »

Nous pouvons renouveler ici la critique que nous
avons élevée contre Aristote : la première figure du
syllogisme s'appuie directement sur le principe d'identité, elle conclut sans avoir besoin d'aucune démonstration auxiliaire ; les autres figures et tous les
modes qu'elles renferment ne peuvent aboutir à une
conclusion légitime qu'à la condition de se ramener,
soit directement soit indirectement, à des modes de la
première figure. Or, il est impossible qu'aucun mode
d'aucune figure se ramène directement à l'un des
modes de la première, si ce n'est par l'emploi de la
conversion. Il n'est donc point possible de faire
usage à cet effet des modes *cesare, datisi, darapti*, qui
appartiennent à la seconde ou à la troisième figure, et
de s'en servir pour démontrer les conversions.

Leibnitz a pensé qu'on pouvait éviter le cercle vicieux

---

[1] *Nouveaux Essais sur l'Entendement humain*, liv. IV, ch. II, § 1.

en ramenant par l'absurde tous les modes de la seconde et de la troisième figure à des modes de la première [1]. Il donne pour exemple le mode *disamis*, qui dérive par l'absurde du mode *barbara* de la première figure de la façon suivante :

Mode *barbara*.

Tout B est C,

Or tout A est B,

Donc tout A est C.

Mode *disamis*[2].

Quelque A n'est pas C,

Or tout A est B,

Donc quelque B n'est pas C[3].

Je ne trouve rien à redire à l'argumentation en ce qui concerne les prémisses ; mais j'oserais demander à Leibnitz comment il s'y prendrait pour établir qu'avec des prémisses de cette qualité et de cette quantité, il doit précisément aboutir à la conclusion qu'il exprime, et non point à une conclusion différente. Je voudrais savoir pourquoi le mode *bocardo*, avec les

---

[1] « ....J'ai remarqué dans ma jeunesse, lorsque j'épluchais ces choses, « que tous les modes de la seconde et de la troisième figure se peuvent « tirer de la première par cette seule méthode *, en supposant que le « mode de la première est bon, et par conséquent que la conclusion « étant fausse, ou sa contradictoire étant prise pour vraie, et une des « prémisses étant prise pour vraie aussi, il faut que la contradictoire de « l'autre prémisse soit vraie. » (*Nouveaux Essais sur l'Entendement humain*, liv. IV, ch. 11, § 4.)

[2] Je signale en passant, et sans y attacher d'autre importance, l'incroyable distraction de Leibnitz : le mode qu'il croit en *disamis*, est manifestement en *bocardo*.

[3] Leibnitz, l. l.

* Cette affirmation est une erreur.

deux prémisses O et A, donnera précisément la conclusion O. Leibnitz me répondrait que cette démonstration peut se faire par la réduction à l'absurde en *barbara*, comme la démonstration de *disamis* par la réduction à l'absurde en *celarent*. Si cette méthode permet d'éviter le cercle vicieux, elle n'en présente pas moins cet inconvénient, qu'avec elle, toute la théorie de la conversion et par conséquent des syllogismes repose sur des arguments indirects, tandis qu'il est si facile, en s'appuyant sur le principe d'identité, de démontrer directement la conversion de chacune des quatre espèces de propositions logiques.

CHAPITRE VII

Démonstration de la conversion des propositions pures.

Il demeure acquis que les démonstrations relatives aux conversions, qu'a proposées Aristote, ont l'irrémédiable défaut de reposer sur un cercle vicieux, puisque Aristote lui-même s'est servi des conversions pour démontrer les autres figures du syllogisme et les modes de ces figures. Il est acquis que Leibnitz a échappé à cette erreur en n'employant pour la démonstration des différentes espèces de conversions, rien autre chose que la réduction à l'absurde[1]. Mais ce qui fait l'infériorité de

[1] « Pour ceux qui cherchent les raisons démonstratives où il faut
« employer le moins de suppositions qu'on peut, on ne démontrera pas
« par la supposition de la conversion ce qui se peut démontrer par le seul
« principe primitif, qui est celui de la contradiction et qui ne suppose
« rien » (*Nouveaux Essais*, liv. IV, ch. II, § 1.)

son système logique, c'est qu'il fait reposer ainsi toute la théorie des syllogismes précisément sur le mode d'argumentation qui a la moindre valeur.

Leibnitz a eu le tort de ne point voir que le principe d'identité s'appliquait bien mieux encore que le principe de contradiction à la démonstration de la conversion des propositions.

Je présenterai en peu de mots ces quatre démonstrations fondamentales.

PREMIÈRE DÉMONSTRATION.

Tout A est dans B. Je dis que cette proposition se convertit ainsi : Quelque B est dans A.

Chacun des deux termes peut être considéré séparément comme une somme ou une totalité équivalente à la conversion des parties. Il n'arrive jamais, si ce n'est par exception, dans la définition, que le sujet et l'attribut aient une extension, c'est-à-dire représentent une somme de parties rigoureusement la même. Dans toutes les autres propositions, le sujet est renfermé dans l'attribut. L'attribut a, en effet, une extension plus grande que celle du sujet, ou, si l'on veut, la somme des parties que représente l'attribut est plus grande et plus nombreuse que la somme des parties que représente le sujet.

Il ne résulte point de cette remarque que le principe d'identité soit inapplicable à la proposition sur laquelle nous opérons : tout au contraire. Lorsque je dis : tout A est contenu dans B, cette proposition signifie rigoureusement : tout A égale une certaine partie de B.

Mais, lorsqu'il y a identité, l'ordre des termes peut toujours être changé sans difficulté ni inconvénient. Ainsi l'égalité A=A', devient l'égalité A'=A.

Donc une certaine partie de B, ou, en d'autres termes, quelque B égale A.

Ce qu'il fallait démontrer.

DEUXIÈME DÉMONSTRATION.

Si quelque A est dans B, quelque B est dans A.

L'argumentation est la même. Quelque A égale une certaine partie de B, ou, en d'autres termes, quelque B.

D'où, en changeant les termes de place,

Quelque B égale A.

Ce qu'il fallait démontrer.

TROISIÈME DÉMONSTRATION.

Si aucun A n'est dans B, aucun B n'est dans A.

Ne perdons point de vue que A, non plus que B, ne représentent, l'un comme l'autre, rien autre chose qu'une réunion de parties.

Nul A n'est en B; cela veut dire qu'aucune des parties de la somme représentée par la lettre A n'est comprise dans la somme des parties représentées par la lettre B, en d'autres termes, qu'aucune partie de A n'est égale à aucune partie de B.

Nous aurons donc la série suivante :

A n'égale pas B.

La partie C de A n'égale pas la partie C' de B.

La partie D de A n'égale pas la partie D' de B, et

ainsi de suite, aussi loin qu'on voudra pousser la décomposition.

Mais chacune de ces propositions peut se convertir séparément : en effet, si C n'égale pas C', il faut, en vertu du principe de contradiction, que C' n'égale pas C.

Nous pouvons ainsi faire la somme de la série dont nous avons posé les premiers termes, et nous arrivons ainsi à ce résultat : aucun B n'est à A.

Ce qu'il fallait démontrer.

QUATRIÈME DÉMONSTRATION.

Si quelque A n'est pas attribué à B, la proposition ne se convertit pas.

Je ne dois pas omettre de faire remarquer en passant que la méthode de réduction à l'absurde proposée par Leibnitz pour la conversion des propositions, est inapplicable à cette quatrième règle.

Procédons maintenant à la démonstration.

La proposition particulière considère dans le sujet A un certain nombre de parties, distinguées de la somme totale ; elle ne s'occupe point des autres parties.

Elle affirme que telle partie déterminée et détachée de la somme A, n'est égale à aucune des parties de la somme B.

Il reste donc, dans cette somme B, une ou plusieurs autres parties qui peuvent être ou égales ou non égales à telle ou telle partie de la somme A, différente de la partie déterminée de cette somme A, qui avait été assignée comme sujet à notre proposition.

Cette observation revient à dire que toute particulière négative suppose et implique une particulière affirmative; convertir la particulière négative en ses propres termes, ce serait contredire cette affirmative particulière.

Ainsi donc la démonstration des conversions s'accomplit par le principe d'identité, comme la démonstration des oppositions par le principe de contradiction et de l'exclusion d'une troisième alternative.

CHAPITRE VIII

Conversion des propositions pures de Théophraste, Eudème et Alexandre.

On sait que dans l'école péripatéticienne, l'étude de la logique se continua avec beaucoup d'ardeur après Aristote. Il arriva à plus d'un disciple, ainsi que nous le verrons, de contredire son maître [1].

Théophraste et Eudème avaient disposé dans le même ordre qu'Aristote la démonstration des quatre règles de la conversion; seulement, ils ne démontraient pas de même la conversion de la négative universelle.

Si A, disaient-ils, n'est à aucun B, c'est donc que la totalité de A est séparée de la totalité de B, ce qui revient à dire que la totalité de B est séparée de la totalité de A. Donc B n'est aucun A [2], et la conversion devient ainsi évidente.

[1] Théophraste avait composé, comme Aristote, des *Premiers Analytiques*; il en est fait mention dans les *Commentaires* d'Alexandre d'Aphrodise, f° 30. (Voyez Bekker, p. 146 b. 42; cf. cod. 1917 à la marge; cité par Bekker, p. 146, a. 24.)

[2] Κείσθω τὸ α΄ κατὰ μηδένος τοῦ β΄· εἰ δὲ κατὰ μηδένος ἀπέζευκται, καὶ

Cette démonstration est précisément celle qu'a employée plus tard le philosophe Euler, dans son ouvrage intitulé *Lettres à une princesse d'Allemagne*. On y trouve des exemples et des figures qui éclairent et confirment la méthode. Ce philosophe a imaginé de représenter les termes d'une proposition quelconque par des cercles géométriques. C'est ainsi que l'image de la négative universelle est une figure composée de deux cercles qui n'ont aucun point commun. Il en résulte que le premier cercle A n'étant contenu par aucun point dans le cercle B, et n'étant pas même tangent avec lui, réciproquement, le cercle B n'est absolument pas contenu dans aucune de ses parties par le cercle A [1].

Cette démonstration ne laisse rien à désirer ; elle s'appuie directement sur le principe d'identité et de contradiction, sans avoir recours à aucun appareil de syllogismes. Je la trouve, avec Alexandre d'Aphrodise, bien supérieure aux arguments embarrassés d'Aristote [2].

Ce même Alexandre a proposé à son tour une nouvelle démonstration de la négative universelle. Ce philosophe n'était pas, comme on se l'imagine, seulement un commentateur subtil, mais encore un logicien de première force [3].

τὸ β' ἄρα παντὸς ἀπέζευκται τοῦ α', εἰ δὲ τοῦτο κατ' οὐδένος αὐτοῦ. (Alex., fol. 11. Cf. Joh. Philop., fol. 18. b.)

[1] *Lettres à une princesse d'Allemagne*, Lettre xxxv, § 1.

[2] "Ἄμεινον δὲ λέγειν περὶ τὰ εἰρημένα δεικτικὸν εἶναι τοῦ δεῖν ἀπεζεῦχθαι καὶ τὸ β' τοῦ α' εἰ τὸ α' τοῦ β' ἀπέζευκται. (Alex., fol. 12.)

[3] Nous savons, par le témoignage d'Alexandre lui-même, qu'indépendamment de ses *Commentaires* sur Aristote, il avait composé trois ouvrages originaux : 1° Des *Commentaires logiques* (cf. Alex., f° 82 b, ad Aris-

Voici ce qu'il propose :

Soit la proposition négative universelle : A n'est à aucun B.

Je suppose qu'il ne soit pas vrai que cette proposition se convertisse en ses propres termes sans cesser d'être une négative générale.

On aura dans cette hypothèse : B est à quelque A.

Il en résulte le syllogisme suivant :

A n'est à aucun B,

B est à quelque A,

Donc A n'est pas à quelque A [1].

Conclusion évidemment absurde. Il est à remarquer que ce syllogisme s'accomplit dans le mode *ferio* de la première figure, et qu'on évite ainsi l'inconvénient du cercle vicieux dans lequel est tombée la démonstration d'Aristote.

Toutes les remarques que nous venons de faire se réduisent à un petit nombre de points maintenant acquis. Il est constant qu'ici Aristote s'est trompé, et que les autres logiciens n'ont pas beaucoup mieux réussi, tant qu'ils n'ont pas eu recours aux principes mêmes sur lesquels est fondée la logique.

totel. *Analyt. prior.*, lib. I, cap. xxii, § 1); — 2° Un livre sur le *Mélange des différentes Modales entre elles* (cf. Alex., f° 68, a, ad Aristotel. *Analyt. prior.*, lib. I, cap. xv, § 1.); — 3° Un livre sur les *Dissentiments d'Aristote avec ses disciples* (cf. Alex., f° 28, b. ad Aristotel. *Analyt. prior.*, lib. I, cap. xxii, § 1).

[1] Alex., f° 12.

CHAPITRE IX

Critique de la conversion des modales proposée par Aristote.

La théorie d'Aristote sur la conversion des modales et les démonstrations qu'il propose, renferment un grand nombre d'erreurs.

Le premier reproche que je ferai à Aristote, c'est d'avoir affirmé que le nécessaire et le contingent obéissent, dans la conversion, aux mêmes principes que l'absolu ou le catégorique, sans prendre la peine de justifier cette identité de principes, même par une simple remarque.

Bien que l'hypothèse soit vraie, on ne doit admettre par supposition rien de ce qui peut être établi par une démonstration.

En ce qui concerne le nécessaire, Aristote emploie la même espèce et le même ordre de démonstrations que pour les propositions catégoriques ; tout l'édifice s'appuie également sur une démonstration première, qui est celle de la conversion de la négative générale, et cette démonstration s'accomplirait par le moyen du même cercle vicieux auquel Aristote avait déjà eu recours pour la démonstration de la négative universelle catégorique[1].

La conversion du possible présente dans Aristote une nouvelle inadvertance qu'il convient de signaler. Dans la doctrine péripatéticienne, le fondement commun de

[1] *Analyt. prior.*, lib. I, cap. iii, § 2.

toutes les démonstrations de conversions est la conversion de la négative universelle, laquelle, après sa transformation, ne cesse pas d'être universelle négative. Lorsqu'il s'agit de la conversion des propositions simplement possibles, Aristote démontre que la négative universelle contingente devient par la conversion une particulière négative. Toute l'économie du système est ainsi bouleversée ; il faudrait des démonstrations nouvelles, et on ne les rencontre nulle part.

Ce n'est pas qu'il n'ait fait quelques efforts pour établir, en particulier, que l'universelle négative contingente ne saurait, après la conversion, demeurer universelle, et qu'elle se change en une particulière négative.

Des trois démonstrations qu'Aristote a proposées, la première n'est qu'un cercle vicieux, la seconde et la troisième sont pour ainsi dire sans valeur.

Rappelons en peu de mots l'argument dont se sert le philosophe grec pour prouver que la négative universelle contingente ne peut, après la conversion, demeurer universelle [1].

Soit : Il est possible que A ne soit à nul B, on n'en saurait tirer : Il est possible que B ne soit à nul A.

Supposons en effet, pour un instant, qu'il soit possible que B ne soit à nul A. Tout ce qui peut devenir ou être, peut aussi ne pas devenir ou ne pas être. Si donc il est possible que B ne soit à nul A, il est possible également que B soit à tout A.

[1] Voir plus haut, Première Partie, chap. V.

Mais nous avons primitivement pour point de départ la proposition suivante : Il est possible que A ne soit à nul B, proposition qui implique la suivante : Il est possible que A soit à tout B.

Mais nous venons d'aboutir à cette autre proposition, dérivée de l'hypothèse que nous avions faite : Il est possible que B soit à tout A.

Il en résulte que l'universelle affirmative contingente ne laisserait pas, après la conversion, de demeurer universelle, ce qui ne se peut.

Donc l'hypothèse est fausse.

Donc la négative universelle contingente ne saurait demeurer universelle après la conversion.

Donc elle devient particulière.

Ce qu'il fallait démontrer.

Mais en présence de cette prétendue démonstration, on demande à quel moment et de quelle manière Aristote a établi la proposition qu'il invoque à l'appui de sa thèse, à savoir que l'universelle affirmative contingente se convertit en une particulière.

Dans l'ordre qu'il a adopté, la démonstration de cette règle ne vient que la troisième, et elle s'appuie sur la règle de la conversion de la négative universelle.

C'est ainsi que s'achève le cercle vicieux.

Restent encore deux autres démonstrations, l'une qui consiste à invoquer des exemples, l'autre qui a recours au raisonnement par l'absurde. Je me propose de montrer avec quelque détail, au troisième livre de ce travail, combien la méthode de l'exemple est en dehors des véritables conditions de la logique, et combien la démonstration par l'absurde a peu de valeur et de portée.

Il faut avouer ce qui est ; toute la théorie d'Aristote sur les règles de la conversion des modales, présente, je ne dirai pas seulement des imperfections, mais de graves erreurs de principe et de méthode.

CHAPITRE X

Démonstration de la conversion des modales.

La démonstration de la conversion des modales s'accomplit aisément à l'aide du principe d'identité, sans avoir recours à aucun appareil de syllogismes.

Parlons d'abord du nécessaires.

La modalité du nécessaire est essentiellement une modalité confirmative ; elle ne change en aucune manière, ni la qualité ni la quantité des propositions. En effet, si je dis : Tout A est nécessairement à B ; je n'ai qu'à supprimer la modalité du nécessaire pour avoir une affirmative universelle. La présence ou l'absence de la modalité du nécessaire ne change rien à la qualité ni à la quantité des propositions. Donc, tout ce que nous avons dit sur la conversion des propositions pures, s'applique, sans aucune modification, à la conversion des propositions nécessaires.

Il n'en va pas de même des propositions contingentes ; dans ces sortes de propositions, il n'y a à proprement parler point de négatives : toutes sont affirma-

tives [1]; le verbe *pouvoir* y joue le rôle du verbe *être* [2].
C'est ainsi que la qualité de la proposition se trouve
incessamment sujette au changement. Soit, par exemple, la proposition suivante : Aucun A n'est à B; c'est là
une négative universelle. Si je dis : Il est possible qu'aucun A ne soit à B, la qualité de la proposition se trouve
changée. C'est ici le mode qui joue le rôle de verbe ; c'est
ce mode, et non plus le verbe *être* qui unit le sujet à l'attribut. Il en résulte cette conséquence : dans une proposition ordinaire la négation renfermée dans le mot *aucun*
rend la proposition négative, parce que cette négation
porte sur le verbe qui sert de lien entre l'attribut et le
sujet; dans la proposition contingente, la négation renfermée dans le mot *aucun* ne porte pas sur la copule, qui
est ici le verbe *pouvoir;* elle porte sur le verbe *être* qui
fait réellement partie de l'attribut de la proposition.
Donc, la modalité du possible tient la place du verbe, et
rend ainsi affirmative toute proposition contingente [3].

C'est ainsi que se trouve anéantie, pour ainsi dire,
dans les propositions contingentes, toute distinction
entre les affirmatives et les négatives. Dès que la modalité devient le lien logique de ces sortes de propositions, on ne doit plus s'étonner de voir qu'on ne fasse,
au point de vue de la qualité, aucune distinction entre
les possibles. Cette proposition : « Il est possible d'être,
« se change en celle-ci : Il est possible de n'être pas;

---

[1] « Les propositions de ce genre sont, comme Aristote le dit un peu
« plus bas, de véritables propositions affirmatives. » (Barthélemy Saint-
Hilaire, trad., t. II, p. 11.)

[2] *Analyt. prior.*, lib. I, cap. III, § 7.

[3] *De Interpret.*, cap. XII, § 2 sqq.

« cette proposition : Il est possible d'être à tous, se
« change en celle-ci : Il est possible de n'être à aucun
« ou de n'être pas à tous ; cette proposition : Il est
« possible d'être à quelque, se change en celle-ci : Il
« est possible de n'être pas à quelque [1]. »

Dès que toutes les propositions contingentes sont
affirmatives, il n'est plus étonnant qu'elles suivent
dans la conversion la règle des affirmatives. L'universelle négative, laquelle n'est en effet négative qu'en
apparence, se change en une négative particulière, et,
d'après la même remarque, la négative particulière,
laquelle est au fond une affirmative, peut se convertir à ses propres termes [2].

La meilleure manière de confirmer ces assertions
est assurément de mettre sous les yeux du lecteur les
démonstrations elles-mêmes.

Je ne donne point la démonstration des deux premières règles relatives aux deux propositions affirmatives ; ces deux règles ne souffrent aucune difficulté.
Le moindre examen suffit pour nous convaincre que
tout ce que nous avons affirmé, relativement à la conversion de l'affirmative pure, soit particulière soit
universelle, se vérifie également pour les contingentes
affirmatives, tant particulières que générales.

Il n'y a donc, à vrai dire, de difficulté que pour les
contingentes négatives.

<hr>

[1] *Analyt. prior*, lib. I, cap. XIII, § 4.
[2] Ces propositions « suivent la règle des affirmatives et non celle des
« négatives, l'universelle se convertissant en particulière, la particulière
« en ses propres termes. » (Barthélemy Saint-Hilaire, trad., t. II, p. 11.)

Soit donc : Aucun A peut n'être à B. Je dis que la conversion nous donnera : Quelque B peut n'être pas à A.

Dans la première de ces propositions, B est le sujet et A l'attribut. L'extension du sujet est moindre que celle de l'attribut, puisque dans toute proposition qui n'est pas une définition, le sujet est renfermé dans l'attribut. Cette proposition exprime donc que toutes les parties de B peuvent être exclues de toutes les parties de A, étant bien entendu, ce qui résulte de l'essence même de la proposition logique, que les parties de l'attribut sont plus nombreuses que les parties du sujet.

Essayons maintenant la conversion.

Il ne m'est point permis de dire : Aucun B peut n'être à A, ou, en de meilleurs termes, il est possible qu'aucun B ne soit à A.

Dégageons en effet l'égalité contenue dans la proposition principale. Nous aurons : A égale une partie seulement de B. Rien n'empêche qu'une partie déterminée de B soit séparée de A d'une façon non plus contingente mais nécessaire.

En supposant que cette partie déterminée de B soit, comme je le dis, séparée de A d'une façon nécessaire et non plus contingente, il n'est porté aucune atteinte à la proposition négative qui nous servait primitivement de point de départ, à savoir, aucun A pe ut n'être à B. Mais cette proposition ne peut pas se convertir en ses propres termes et devenir la proposition suivante : Aucun B peut n'être à A. Il peut se faire, en effet, que quelque B, c'est-à-dire une partie déterminée de B soit nécessairement séparée de A. Il reste donc, comme seul résultat possible de la conversion, la proposition suivante : Quelque B peut n'être pas à A. Ce qu'il fallait démontrer.

On aurait pu simplifier singulièrement la démonstration que nous venons de présenter. Rien n'empêchait de donner aux négatives contingentes une autre forme, et, par exemple, au lieu de : Aucun A peut n'être à B, de dire : Tout A peut n'être pas à B [1]. Dans ce cas, la seule puissance de la forme suffit, pour ainsi dire, à donner comme résultat de la conversion la proposition particulière : Quelque B peut n'être pas à A.

Je ne répéterai pas, pour la quatrième règle, la démonstration que je viens de donner pour la troisième ; ces deux démonstrations sont identiques. La particulière négative contingente se convertit en ses propres termes, et demeure une particulière négative. La proposition : Quelque A peut n'être pas à B, devient, après la conversion, la proposition : Quelque B peut n'être pas à A. Il est toujours entendu que ces prétendues négatives équivalent, dans l'ordre du possible, à de véritables affirmatives.

Nous avons vu, plus haut [2], que Théophraste et Eudème avaient fait d'heureuses tentatives pour compléter les démonstrations données par Aristote dans la théo-

---

[1] Cf. ad Aristotel. *Analyt. prior.*, lib. I, cap. xvii, § 14. (Bekk., p. 37, a, l. 18.) — Τὸ « παντὶ ἐνδέχεται μὴ ὑπάρχειν » ἔλαβεν ἀντὶ τοῦ ἐνδέχεται μηδένι, ὃ καὶ ἀσαφεστέραν τὴν λέξιν ποιεῖ. (Alex., fol. 74, a.)

[2] Ch. viii.

rie de la conversion des propositions pures. Leurs critiques sont moins fondées, en ce qui concerne la conversion des possibles. Ils ont eu tort de soutenir que la contingente négative universelle doit se convertir en ses propres termes, et qu'elle peut, contrairement à l'avis d'Aristote, demeurer après la conversion une négative universelle [1].

Ils ont eu recours ici au même procédé de démonstration qu'ils avaient déjà employé pour les propositions catégoriques [2]. Si A peut être séparé de tout B, il faut nécessairement que la réciproque soit vraie, et que tout B puisse être séparé de A. Mais Alexandre d'Aphrodise a remarqué avec beaucoup de raison que cet argument ne valait rien.

Sans doute il résulte de la proposition donnée, que tout B est séparé de A, mais non point qu'il en est séparé d'une façon contingente, comme il le faudrait pour que Théophraste et Eudème eussent raison [3]. Rien n'empêche, en effet, que B ne soit séparé de A, en partie d'une façon nécessaire, et en partie d'une façon contingente.

C'est donc à tort, comme on le voit, que Théophraste et Eudème ont essayé de reprendre ici Aristote. Leur prétention de convertir la négative universelle con-

---

[1] Θεόφραστος δέ φησι καὶ ταύτην (καθόλου ἀποφατικὴν ἐνδεχομένην) ὁμοίως ταῖς καθόλου ἀποφατικαῖς πρὸς ἑαυτὴν ἀντιστρέφειν. (Codex 1917, in margine ap. Bekk., 180, a, l. 8. Cf. Alex , fol. 72, a.)

[2] Alex., f° 11.

[3] Ἔοικε δὲ Ἀριστοτέλης βέλτιον αὐτῶν λέγειν μὴ φάσκων ἀντιστρέφειν τὴν καθόλου ἀποφατικὴν ἐνδεχομένην ἑαυτῇ κατὰ τὸν διορισμόν· οὐ γὰρ εἴ τί τινος ἀπέζευκται, ἤδη καὶ ἐνδεχομένως ἀπέζευκται αὐτοῦ. (Alex., fol. 74.)

tingente en une négative universelle, n'est aucunement fondée.

Ici se terminent nos remarques sur la conversion et l'opposition des propositions d'après Aristote.

LIVRE TROISIÈME

PREMIÈRE PARTIE

DES DIFFÉRENTES MÉTHODES EMPLOYÉES PAR ARISTOTE
POUR DÉMONTRER LES SYLLOGISMES.

CHAPITRE PREMIER

Indication des questions à résoudre.

Aristote a posé les principes de la théorie du syllogisme ; ces principes sont la conversion et l'opposition des propositions. Aristote va s'en servir pour démontrer les modes concluants des différentes figures du syllogisme.

Mais il y a, dans les *Analytiques*, plusieurs espèces de démonstrations appliquées, tantôt aux syllogismes catégoriques, et tantôt aux syllogismes modaux.

Nous allons, dans la première partie de ce livre, faire connaître, et dans la seconde discuter chacune de ces différentes espèces de démonstrations.

Ces démonstrations sont au nombre de quatre :

1° La démonstration algébrique directe, pour laquelle on emploie les lettres de l'alphabet ; nous l'appellerons encore démonstration géométrique ou littérale ;

2° La démonstration par l'exposition des termes. Il y a deux démonstrations de cette espèce : j'appellerai la première la démonstration par l'exemple ;

3° La démonstration par l'exposition des termes proprement dite. Je répète qu'elle doit être soigneusement distinguée de la précédente.

4° La démonstration par la réduction à l'absurde.

Expliquons brièvement en quoi consiste chacune des quatre espèces de démonstration dans Aristote.

CHAPITRE II

Exposition de la démonstration littérale d'après Aristote.

Toute proposition contient trois éléments : le sujet, le verbe et l'attribut. Le verbe est le seul élément qui ne change point ; les idées qui constituent le sujet peuvent varier ; il en est de même de l'attribut, qui désigne tantôt une qualité, et tantôt une autre qualité.

Aristote a parfaitement vu cette différence entre le verbe d'une part, et le sujet ainsi que l'attribut de l'autre. Il s'est efforcé de mettre les deux autres termes de la proposition dans les mêmes conditions que le verbe, et il a trouvé un moyen pour donner au sujet et à l'attribut la même permanence qu'au verbe lui-même.

A cet effet, il s'est servi de lettres pour indiquer soit le sujet soit l'attribut. Tout syllogisme est ainsi

représenté par des propositions analogues à celles-ci :
A est à B ; B n'est pas à A, etc. [1].

Ici point de difficulté ; aussi n'insisterons-nous pas sur cette première espèce de démonstration.

CHAPITRE III

Exposition de la démonstration par l'exemple, d'après Aristote.

La démonstration dont nous allons nous occuper se rencontre souvent sous le nom de démonstration par l'exposition des termes ; mais, comme il y a deux sortes de démonstrations par l'exposition des termes, et qu'il faut se garder de toute confusion, nous ne manquerons jamais de donner à celle-ci son vrai nom, et de l'appeler démonstration par l'exemple.

Toute conclusion, dans un syllogisme, se déduit de deux prémisses. Les deux prémisses ont plus d'extension que la conclusion ; elles peuvent ainsi la renfermer.

Toutefois, lorsque vous construisez un syllogisme, et particulièrement dans le cas où vous prenez des lettres pour en représenter les termes, il peut parfaitement arriver que vous ne vous fassiez qu'une idée insuffisante de la valeur de la conclusion. Vous pouvez

---

[1] « Voici le premier usage des lettres représentant des idées ; c'est un « procédé tout algébrique, c'est-à-dire de généralisation. » (Barthélemy Saint-Hilaire, tr. d'Aristot., tom. II, p. 7. Note *ad Analyt. prior.*, lib. I, cap. II, § 6.)

ignorer si véritablement le syllogisme aboutit ou n'aboutit pas.

En effet, de simples lettres ne sauraient avoir entre elles aucun lien logique ; c'est nous qui sommes obligés de créer arbitrairement ce lien. Avec des propositions représentées par ces conventions algébriques, il peut se présenter telle forme de syllogisme qui nous laisse ignorer si, des prémisses données, doit se déduire l'union ou la séparation du sujet et de l'attribut dans la conclusion, indécision qui frappe le syllogisme tout entier d'incertitude.

C'est alors qu'Aristote a recours à la démonstration par l'exemple.

L'indécision signalée peut résulter de l'emploi, non-seulement des formes littérales, mais encore de l'introduction de termes incertains ou obscurs. Aristote remplace les uns et les autres par des idées familières et éprouvées. Il en fait des propositions semblables à celles du syllogisme discuté, et qu'il réunit entre elles par des liens semblables. Alors, nous ne nous trouvons plus en face d'une conclusion qui nous laisse en suspens entre l'affirmation et la négation, et dans le doute sur la véritable nature du rapport logique qui peut exister entre l'attribut et le sujet. Tout au contraire, mis ainsi en présence d'idées qui nous sont particulièrement familières, la matière même des propositions qui servent de prémisses nous conduit, tout d'un trait et sans hésitation, à telle conclusion plutôt qu'à telle autre, à nous prononcer sur la vérité ou l'erreur, l'absurdité ou l'évidence de chaque jugement, à affirmer enfin que le syllogisme est irréprochable ou que le raisonnement ne saurait aboutir [1].

On peut trouver dans les *Premiers Analytiques* des exemples de la démonstration qui nous occupe, mais ils y sont en petit nombre [2]. La seconde espèce de démonstration par l'exposition des termes, que nous avons appelée démonstration par l'exposition des termes proprement dite, s'y rencontre très-fréquemment. Voyons en quoi consiste cette nouvelle espèce de démonstration, qui est la troisième dans l'ordre que nous avons adopté.

CHAPITRE IV

Exposition de la démonstration par l'exposition des termes, d'après Aristote.

La démonstration que nous appelons démonstration par l'exposition des termes proprement dite, n'est pas autre chose qu'une démonstration par un double exemple. Voici comment elle procède.

Il arrive parfois, et particulièrement dans les syllogismes qui ne doivent point avoir de conclusion, qu'on ne distingue point, au premier coup d'œil, s'ils sont faits pour aboutir ou pour ne point aboutir. A ne con-

[1] « La méthode dont Aristote s'est servi dans la démonstration des « règles précédentes, est une sorte de réduction à l'absurde au moyen « d'un exemple sensible dont l'impossibilité est attestée aussitôt qu'il nous « est offert. C'est ce que les logiciens grecs appellent proprement *expo-* « *sition*, et les scolastiques aussi. » (Barthélemy Saint-Hilaire, tr. d'Aristote, t. II, p. 8. — Note *ad Analyt. prior.*, lib. I, cap. II, § 9.)

[2] Cf. *Analyt. prior.*, lib. I, cap. II. — Id., ibid., cap. VIII.

sidérer que les liens qui unissent entre eux les termes des deux prémisses, vous ignorez si le sujet et l'attribut de la conclusion doivent, en conséquence de la majeure et de la mineure, se réunir ou se séparer.

Voici par quel moyen Aristote a entrepris de venir à bout de cette difficulté.

Ce philosophe prend, pour construire les deux prémisses, des termes dont l'union soit apparente et hors de doute. Il en construit une majeure et une mineure telles que le premier coup d'œil suffit pour nous faire apercevoir l'union du grand terme et du petit terme, la légitimité ou l'erreur d'une conclusion.

Il est facile, jusqu'ici, de reconnaître dans ce procédé la démonstration par l'exemple telle que nous venons de l'exposer au chapitre précédent. Aristote y a ajouté un complément pour rendre la démonstration plus complète, et c'est ce complément qui constitue ce que nous avons appelé l'exposition des termes. Voici en quoi elle consiste.

Il peut arriver qu'avec les termes donnés, on aboutisse, par exemple, à une conclusion négative. Reste à prouver que cette conclusion est légitime, ou, si elle est le résultat d'une erreur, reste à découvrir et à reconnaître cette erreur. Pour arriver à ce résultat, voici comment on procède.

On prend de nouveau trois termes pour en faire un second syllogisme, et voici ce qui arrive avec ces termes nouveaux. Si la conclusion du premier syllogisme n'est point légitime, le second aboutira à une conclusion contraire. Cette conclusion sera affirmative, alors que la conclusion du premier était négative. Dès qu'en changeant non point la forme mais la matière du syllogisme, les termes des propositions et non point les rapports logiques de ces termes entre eux, on peut arriver à une conclusion tour à tour affirmative ou négative, c'est que, par le fait, il n'y a point de conclusion ni de syllogisme d'où cette conclusion dérive.

J'emprunterai à Aristote un exemple destiné à faire comprendre ces explications.

Soit dans la première figure le syllogisme suivant :

A est à tout B,

B n'est à aucun C.

Je dis que ce mode ne peut donner aucune conclusion dans la première figure.

Je vais prouver cette assertion à l'aide de la méthode dite par l'exposition des termes.

Pour suivre les règles que j'ai marquées, je vais, sans changer la forme logique du syllogisme, employer tour à tour des termes différents. J'aboutirai ainsi tantôt à une conclusion affirmative et tantôt à une conclusion négative.

Accomplissons la première partie de l'expérience, et prenons les termes suivants :

Animal. — Homme. — Cheval[1]. Avec ces termes, je construirai le syllogisme que voici :

Tout homme est animal,

Or aucun cheval n'est homme,

Donc tout cheval est animal.

---

[1] *Analyt. prior.*, lib. I, cap. IV, § 6.

On voit que cet exemple aboutit à une conclusion qui est tout à la fois universelle et affirmative.

Prenons maintenant d'autres termes, par exemple les termes suivants :

Animal. — Homme. — Minéral. Accomplissons la seconde partie de l'expérience.

Je conserverai au syllogisme la même forme, et voici ce que deviendront mes prémisses et ma conclusion :

Tout homme est animal,

Or nul minéral n'est homme,

Donc nul minéral n'est animal.

Cette conclusion est universelle comme celle du premier syllogisme, mais elle est négative, tandis que l'autre est affirmative.

Il est donc démontré par ce double exemple, qu'on peut conclure les contraires, en changeant seulement les termes des propositions. Le dernier résultat de tous ces raisonnements, c'est qu'il ne saurait y avoir de syllogisme avec les prémisses qu'on a prises. C'était là précisément ce qu'on avait à démontrer.

Il n'est peut-être pas une page des *Premiers Analytiques* où Aristote n'emploie cette forme de démonstration; il s'en sert presque constamment, lorsque la forme du syllogisme est vicieuse et qu'elle ne doit point donner de conclusion.

CHAPITRE V

Exposition de la démonstration par la conversion à l'absurde,
d'après Aristote.

Nous appelons cette quatrième espèce de démonstration dont nous allons parler, conversion à l'absurde ; cette expression ne se trouve dans aucune logique. Les scolastiques lui ont en général donné le nom *d'obversion* [1]. Monlorieux, dans sa traduction latine et dans ses commentaires lui donne le nom de *réciprocation* [2]. Les autres auteurs l'appellent simplement *conversion*, sans rien ajouter de plus [3]. Cette expression

[1] « *Convertir un syllogisme* : Aristote se sert ici du même mot qu'il a
« employé pour la conversion des propositions, liv. I, ch. II, § 3. Les
« scolastiques au contraire ont créé une expression nouvelle, et ils ont
« appelé *obversion* la conversion appliquée non plus aux propositions,
« mais au syllogisme ; ils ont eu raison. L'idée est différente, l'expression
« doit l'être aussi. » (Barthélemy Saint-Hilaire, *ad Analyt. prior.*, lib. II:
cap. VIII, § 1 ; trad., t. II, p. 242-243.)

[2] « *Reciprocare* est, transmutata conclusione, efficere ratiocinationem
« quæ concludat aut extremum medio non convenire, aut hoc ipsi ultimo. »
(Joannis Baptistæ Monlorii, *Perfectissima in Aristotelis Analyticorum
priorum seu de ratiocinatione libros duos latinitate a se donatos paraphrasis
et scholia*. Francofurti, 159, trad., cap. VIII, lib. II ; cf. l'argument de ce
chapitre et sa paraphrase, p. 314-315.)

[3] Cf. Aristot., *Analyt. prior.*, lib. II, cap. VIII, ed. Bekker, p. 59, lib. I,
ἀντιστρέφειν. — Boethii *Interpret.*, ed. 1., p. 509, « convertere. » — Julii
Pacii *Interpret.*, ed. Bekker, p. 32, « convertere. » — Ejusdem *Comment.
analyt.*, Colonia Allobrogum, 1605. « Sequitur quarta syllogismorum facultas quæ vocatur conversio, vel per conversionem ratiocinatio, » p. 21.
—Albert. Magn., tom. I, p. 461, tr. III ; *de Conversivo Syllogismo.*—Joannis Duns Scoti *Opera omnia collecta...* a PP. Hibernis collegii Romani Sancti Isidori professoribus, Lugduni, 1639, tom. I, p. 336, b. *In universam
logicam quæstiones*. Sup., lib. II, *Priorum Analyticorum* quæstio v. « Utrum
syllogismus conversivus differat a syllogismo ad impossibile. »

laisse à désirer ; il y a en effet tout à la fois une conversion des propositions et une conversion des syllogismes. On ne saurait deviner, à moins d'ajouter quelque chose à la définition, s'il est question des propositions ou des syllogismes. Voilà pourquoi au mot *conversion,* qui ne suffit point, nous ajoutons comme complément les deux mots : *par l'absurde.* Je pense que les explications qui vont suivre justifieront suffisamment la convenance de cette dénomination.

Expliquons maintenant en quoi consiste la démonstration par la conversion à l'absurde.

Il est de la plus haute importance de ne point confondre les conversions des propositions, avec les conversions du syllogisme.

On convertit une proposition en plaçant, soit dans l'affirmative, soit dans la négative, le sujet à la place de l'attribut, et, par conséquent, l'attribut à la place du sujet.

Nous avons déterminé les conditions auxquelles peut avoir lieu ce changement.

Si la conversion d'une proposition entraîne quelque changement, ce changement ne peut porter que sur la quantité, et non point sur la qualité des propositions. Ainsi, cette proposition : Tous les hommes sont mortels, devient, après la conversion, la proposition suivante : quelques êtres mortels sont hommes. L'universelle a été changée en une particulière ; la quantité seule de la proposition a été modifiée.

La conversion des syllogismes, au contraire, et j'entends leur conversion à l'absurde, dont nous nous occupons en ce moment, roule, non plus sur la quantité, mais sur la qualité des propositions.

Étant donné un syllogisme composé de trois propositions, je suppose qu'on ignore s'il a, ou s'il n'a pas une conclusion, si cette conclusion est légitime ou si elle ne l'est pas.

La question étant ainsi posée, il est évident qu'il ne s'agit point des prémisses. Celles-ci vous sont données pour vraies et doivent être admises sans contestation. Tout l'effort de la critique et toutes les ressources de la méthode doivent porter sur la conclusion, afin de découvrir si cette conclusion est vraie ou si elle est fausse.

Tant que cette conclusion n'aura pas été démontrée, elle demeure douteuse et incertaine : on ne saurait à coup sûr ni l'affirmer ni la nier.

Une fois la démonstration reconnue nécessaire, procédons à sa construction et à son achèvement.

Admettons que la conclusion douteuse soit une conclusion fausse, et prenons, par conséquent, la proposition opposée. Je nierai la conclusion en prenant soit sa contraire soit sa contradictoire [1]. A l'aide de cette proposition nouvelle, je construirai un second syllogisme dont les éléments seront les suivants :

1° L'affirmation nouvelle qui est la contraire ou la contradictoire de la conclusion primitive;

---

[1] Διαφέρει δὲ τὸ ἀντικειμένως ἢ ἐναντίως ἀντιστρέφειν τὸ συμπέρασμα· οὐ γὰρ ὁ αὐτὸς γίνεται συλλογισμὸς ἑκατέρως ἀντιστραφέντος. (*Analyt. prior.*, lib. II, cap. VIII, § 2.)

2° L'une ou l'autre des deux prémisses de l'ancien syllogisme.

C'est ainsi que nous nous trouvons avoir à notre disposition deux prémisses, et, par conséquent, un syllogisme nouveau.

La conclusion de ce syllogisme nouveau est, ou la contraire, ou la contradictoire de celle des deux prémisses qui ne fait point partie de ce syllogisme nouveau.

Mais les deux prémisses de l'ancien syllogisme nous avaient été données toutes les deux pour vraies; nous aboutissons donc à l'absurde, puisque nous sommes conduits à nier l'une d'entre elles. Cette conséquence absurde est le véritable terme de toute l'argumentation, et nous allons avoir à y revenir pour en mieux faire sentir la portée.

Ainsi le procédé de la conversion à l'absurde se réduit à ceci : on construit un nouveau syllogisme au moyen 1° de l'une des deux prémisses de l'ancien, 2° au moyen de la contraire ou de la contradictoire de l'ancienne conclusion. On arrive ainsi à contredire l'autre prémisse, et, comme cette prémisse avait été donnée pour vraie, la conclusion est effectivement absurde [1].

Reste à savoir quelle place on doit assigner aux deux prémisses qui constituent le nouveau syllo-

---

[1] « Inferenda est propositio contradictio consequentiæ negatæ : ex qua, et ex altera præmissarum jam concessarum fit syllogismus perfectus, concludens propositionem contradictoriam, vel contrariam alterius præmissæ concessæ; proinde cogitur concedere duas contradictorias simul

gisme. « La proposition contraire à la conclusion doit
« toujours tenir la place de celle des deux prémisses
« que l'on veut contredire. En supposant qu'on veuille
« nier la majeure du syllogisme primitif, la proposi-
« tion opposée à la conclusion doit servir de majeure
« et précéder l'ancienne mineure; si c'est la mineure
« qu'on veuille nier, l'opposée de la conclusion doit
« servir de mineure et suivre par conséquent l'an-
« cienne majeure [1]. »

On voit maintenant pourquoi nous avons donné à
cette démonstration le nom de démonstration par la
conversion à l'absurde. Cette conversion du syllogisme porte sur la qualité des propositions et conduit
à affirmer une absurdité.

CHAPITRE VI

Conversion à l'absurde par la contraire, d'après Aristote.

On voit, par ce qui précède, que la conversion à l'absurde s'accomplit de deux manières, en employant
tour à tour, soit la contraire, soit la contradictoire de
l'ancienne conclusion.

Nous allons traiter séparément de ces deux espèces
de conversions à l'absurde.

Un syllogisme est donné : il se compose de trois

veras. (Collegii Complutensis, ed. laudat. *Breves ad Logicam Aristotelis
institutiones*, lib. III, *de Argumentatione*, cap. vi; *de Probatione Syllogismorum perfectorum et Reductione imperfectorum*, p. 86, b.)
[1] Albert. Magn., l. l., p. 461, a.

propositions : des deux prémisses qui sont prises pour accordées, et de la conclusion dont la valeur logique demeure incertaine.

Dès que la conclusion est incertaine elle peut être niée : on peut lui opposer, soit la contraire qui diffère seulement par la qualité, soit la contradictoire qui diffère à la fois par la qualité et par la quantité [1]. Exemples : tous les hommes sont injustes, aucun homme n'est injuste, propositions contraires : tous les hommes sont injustes, quelque homme n'est pas injuste, propositions contradictoires [2].

Je dis que la contraire, comme la contradictoire, peuvent également servir à nier la conclusion d'un syllogisme, puisque deux contraires, pas plus que deux contradictoires, ne sauraient être vraies toutes les deux en même temps, et que nécessairement l'une des deux est fausse [3].

Ici nous allons procéder par la contraire, sauf à étudier plus tard la démonstration par la contradictoire.

Soit donc la contraire de la conclusion de l'ancien syllogisme. J'instituerai un syllogisme nouveau dont les prémisses seront les suivantes :

---

[1] « La proposition universelle affirmative et la proposition particulière « négative (tout, non tout) sont contradictoires, comme l'universelle néga- « tive et la particulière affirmative (aucun, quelque) ; la proposition uni- « verselle affirmative et l'universelle négative (tout, aucun) ne sont que « contraires. » (Barthélemy Saint-Hilaire, trad., t. II, p. 243.)

[2] Λέγω δ' ἀντικεῖσθαι μὲν τὸ παντὶ τῷ οὐ παντὶ καὶ τὸ τινὶ τῷ οὐδενί, ἐναντίως δὲ τὸ παντὶ τῷ οὐδενὶ καὶ τὸ τινὶ τῷ οὐ τινὶ ὑπάρχειν. (*Analyt. prior.*, lib. II, cap. VIII, § 2.)

[3] Cf. *Logique de Port-Royal*, part. II, ch. IV ; *Institut. philos.*, vulg. dict. *Philos. Lugdun.*, t. I ; *Logica : Diss. II*, cap. II, sect. 2, propos. 1, § 3.

— d'abord cette contraire dont nous parlons;

— en second lieu, l'une des deux prémisses de l'ancien syllogisme.

Ces deux propositions constituent un syllogisme nouveau, dont la conclusion est la contraire de celle des deux prémisses de l'ancien syllogisme dont on n'a point fait usage pour construire le nouveau.

Vous avez donc en présence deux propositions contraires : d'une part, celle des deux prémisses de l'ancien syllogisme dont on n'avait pas fait usage; d'autre part, la conclusion du syllogisme nouveau.

Or, il n'est point possible que deux contraires soient vraies toutes les deux en même temps.

Donc, de ces deux propositions opposées, il faut qu'il y en ait une fausse.

Or, les deux prémisses de l'ancien syllogisme étaient toutes les deux prises pour accordées; elles ont l'une et l'autre une valeur incontestée : elles sont en dehors de la discussion.

On est donc conduit à admettre que celle de ces deux propositions qui est fausse, est la conclusion du nouveau syllogisme.

Si cette conclusion est fausse, cette erreur ne peut venir que de la fausseté, ou des deux prémisses, ou de l'une d'entre elles. Le faux ne saurait se conclure du vrai [1].

Mais l'une des deux prémisses du second syllogisme

---

[1] Ἐξ ἀληθῶν μὲν οὖν οὐκ ἔστι ψεῦδος συλλογίσασθαι. (*Analyt. prior.*, lib. II, cap. ɪɪ, § 2.) Cf. § 3. *Analyt. post.*, lib. I, cap. xɪɪɪ.

est admise comme vraie, puisqu'elle n'est rien autre chose que l'une des deux prémisses de l'ancien syllogisme, transportée sous sa forme primitive dans le second.

La dernière supposition qui nous reste à faire, c'est que l'autre prémisse de ce nouveau syllogisme soit la proposition fausse que nous cherchons.

Cette autre prémisse, c'est la contraire de la conclusion de l'ancien syllogisme. Ce qu'il fallait démontrer.

Quoique la première partie de ce troisième livre doive se borner à une simple exposition, je ne puis m'empêcher de faire remarquer ici que tout cet appareil d'arguments n'aboutit à aucun résultat.

Sans doute, en procédant ainsi, on démontre parfaitement que la contraire de la conclusion de l'ancien syllogisme est fausse, puisque, employée comme prémisse, elle conduit, à son tour, à une conclusion fausse.

Mais cette conséq   e n'entraîne et n'implique en aucune manière la légitimité ni la vérité de la conclusion de l'ancien syllogisme, puisque deux contraires peuvent parfaitement être fausses toutes les deux en même temps.

C'est au reste ce que nous nous proposons d'expliquer ultérieurement avec plus de détail.

CHAPITRE VII

Application de la conversion à l'absurde par la contraire, d'après Aristote.

Quelques-uns des plus grands commentateurs d'Aristote se sont fait ici du syllogisme conversif une opinion facile à saisir, mais impossible, suivant moi, à défendre. Cette opinion me paraît tout à fait en dehors des termes, comme de la pensée d'Aristote.

Il leur a semblé qu'on pouvait également appliquer la conversion à un syllogisme dont les prémisses seraient fausses. De cette façon, le second syllogisme que l'on est conduit à construire pour opérer la conversion à l'absurde, bien loin d'être lui-même un syllogisme absurde ou faux, « pourrait au contraire, dans le « cas où le premier syllogisme n'aurait eu qu'une seule « de ses deux prémisses fausse, se composer lui-même « de deux prémisses vraies et aboutir à une conclusion « vraie également [1]. »

Cette opinion ne saurait se soutenir. On ne voit pas à quoi servirait la conversion d'un syllogisme dont les prémisses n'auraient point été accordées. En pareil cas, il n'y a pas même de syllogisme, et par conséquent, pas d'argumentation possible. En second lieu, Aristote s'est expliqué suffisamment sur la conversion à l'absurde et a suffisamment répété qu'elle ne saurait s'ef-

---

[1] Duns Scot. op. L., l. 1, quæstio vi, p. 337.
Cf. « Conversivus indifferenter supponit vel verum vel falsum, et concludit indifferenter vel verum vel falsum. » (Albert. Magn., op. L., l. 1, tract. IV, p. 469.)

fectuer qu'à la condition de prendre pour accordées les prémisses du syllogisme sur lequel on opère. J'estime donc que les commentateurs du philosophe grec ont dénaturé ici sa véritable pensée. Je le dis avec le respect qu'on doit aux noms de ces grands logiciens, je ne trouve rien dans Aristote qui puisse nous autoriser même à supposer que le syllogisme conversif puisse jamais être un syllogisme aboutissant à une conclusion vraie.

Je crois donc devoir me prononcer ici contre l'autorité d'Albert-le-Grand, de Duns Scot, et de la plupart des philosophes scolastiques. Je maintiens contre eux la véritable pensée d'Aristote.

Il me reste maintenant à faire voir comment ce philosophe s'est servi de cette sorte de démonstration.

Aristote a consacré plusieurs chapitres des *Premiers Analytiques*[1] aux applications de la conversion à l'absurde. Je me contenterai de donner, d'après son texte, le résumé des règles qu'il propose.

Toutes les fois qu'on entreprend de démontrer un syllogisme par la conversion à l'absurde, on peut aboutir à nier, soit la majeure, soit la mineure.

Nous ne perdons pas de vue qu'il y a trois figures du syllogisme, et au besoin nous les rendrions de nouveau présentes à notre esprit à l'aide de ces vers si connus :

Barbara, celarent, etc.

La question à résoudre est la suivante: peut-on à l'aide de la conversion à l'absurde, et en prenant la

---

[1] *Analyt. prior.*, lib II, cap. viii, ix, x.

contraire de la conclusion, arriver à contredire, à son gré, la majeure ou la mineure dans chacun des modes connus des trois figures ?

Première figure.

La première figure renferme quatre modes concluants : *Barbara, celarent, darii, ferio.*

Considérons d'abord les deux premiers modes, à savoir : *Barbara, celarent.*

On ne saurait, dans ces deux modes, contredire la majeure en prenant pour point de départ la contraire de la conclusion.

En effet, on ne saurait contredire la majeure autrement qu'en construisant un syllogisme de la troisième figure. Or, toutes les conclusions des modes concluants de la troisième figure sont des propositions particulières [1], tandis que la majeure des deux modes que nous examinons est universelle. La proposition contraire à une proposition universelle est universelle elle-même, puisque les contraires diffèrent entre elles par la qualité et non par la quantité. Il résulte donc de la nature même de la conversion à l'absurde, qu'on ne saurait contredire les deux syllogismes *barbara* et *celarent*, en prenant le contraire de la conclusion pour aboutir à la destruction de la majeure, et en opérant, comme on est contraint de le faire, dans un des modes de la troisième figure.

---

[1] *...Darapti, felapton, disamis, datisi, bocardo, ferison.*

Quant à la destruction de la mineure, elle se réalise, on ne peut plus facilement dans ces deux modes, par la contraire.

Cette destruction de la mineure s'accomplit par la construction d'un syllogisme de la seconde figure.

En observant les règles indiquées pour la conversion du syllogisme, on voit que la mineure du mode *barbara* se détruit par la contraire de la conclusion dans le mode *camestres*.

De même la mineure du mode *celarent* se détruit par la contraire de la conclusion dans le mode *cesare*.

Le mode *celarent* et le mode *cesare* appartiennent l'un et l'autre à la seconde figure.

Nous avons encore à examiner les deux derniers modes de la première figure : à savoir *darii* et *ferio*.

Ni la majeure ni la mineure de ces deux modes ne sauraient être détruites par la conversion au moyen de la contraire.

La majeure ne saurait se contredire qu'au moyen d'un syllogisme construit dans la seconde figure. Mais la contraire de la proposition I est la proposition O ; pareillement la contraire de la proposition O est la proposition I. Nous aurions donc ainsi pour majeure d'un syllogisme construit dans la seconde figure une proposition particulière : or, il n'existe pas dans la seconde figure de mode concluant dont la majeure soit particulière.

Quant à la mineure de ces deux modes, on ne saurait la contredire que par un syllogisme construit dans la troisième figure. Ces syllogismes donneraient pour conclusion, après la conversion, la proposition O, laquelle n'est point contraire à la mineure I de *darii* et de *ferio*. En effet la particulière négative n'est point la contraire de la particulière affirmative ; elles peuvent être vraies toutes les deux en même temps, propriété qui ne se trouve point dans les contraires. Aussi leur a-t-on donné, l'une par rapport à l'autre, le nom de *subcontraires*.

Seconde figure[1].

Les quatre modes concluants de la seconde figure sont les suivants :

Cesare, camestres, festino, baroco.

On ne saurait, dans la seconde figure, détruire la majeure par la contraire de la conclusion.

En effet, cette majeure est universelle dans les quatre modes.

La contraire d'une universelle ne saurait être qu'une universelle, puisque ces propositions ne peuvent différer que par la qualité, et non point par la quantité.

La conversion à l'aide de laquelle se détruirait la majeure ne peut s'accomplir qu'à l'aide d'un syllogisme construit dans la troisième figure.

Or, toutes les conclusions de la troisième figure sont particulières.

Donc, la conversion par la contraire ne saurait donner la contraire de la majeure d'aucun des quatre modes concluants de la seconde figure.

Voyons maintenant la mineure.

---

[1] *Analyt. prior.*, lib. II, cap. xi.

Prenons d'abord les deux premiers modes : *cesare* et *camestres*.

On peut détruire la mineure de tous les deux, au moyen de la conversion par les contraires.

Cette destruction s'accomplit à l'aide d'un syllogisme construit dans la première figure.

La mineure du mode *cesare* se détruit à l'aide d'un syllogisme construit dans le mode *celarent*, et la mineure de *camestres* à l'aide d'un syllogisme construit en *barbara*.

Les mineures des deux modes *festino* et *baroco* ne sauraient être détruites par la contraire de la conclusion.

En effet, les deux syllogismes que l'on est amené à construire sont l'un en *ferio* et l'autre en *darii*, de la première figure ; les deux conclusions sont donc, semblablement à ce que nous avons fait remarquer plus haut, non pas les contraires, mais les subcontraires des mineures des deux modes *festino* et *baroco*.

Troisième figure [1].

Les modes concluants de la troisième figure sont les suivants :

Darapti, felapton, disamis, datisi, bocardo, ferison.

La règle de cette figure est purement négative :
« En convertissant par la contraire de la conclusion, on
« ne saurait détruire ni la majeure ni la mineure d'au-
« cun de ces syllogismes [2]. »

La destruction de la majeure s'accomplirait dans la

---

[1] *Analyt. prior.*, lib. II, cap. x.
[2] Ibid., § 1.

première figure. Les contraires des deux propositions I et O, qui représentent les conclusions de la troisième figure, sont les propositions O et I. « Encore faut-il « supposer qu'on acceptera les subcontraires pour de « véritables contraires [1]. »

Même avec cette supposition, nous nous trouverions en présence de syllogismes de la première figure dont les majeures seraient des particulières. Cette combinaison ne se trouve pas dans les modes concluants de la première figure : donc la majeure de la troisième ne saurait être détruite par la contraire de la conclusion.

J'en dis autant de la mineure. Cette mineure se détruirait à l'aide d'un syllogisme construit dans la seconde figure, mais il y a ici une remarque à faire.

Nous avons eu plus haut l'occasion de poser cette règle générale : dans le syllogisme conversif, la proposition contraire à la conclusion de l'ancien syllogisme doit prendre, dans le nouveau, la place de celle des deux prémisses que l'on se propose de détruire.

Il est facile de se convaincre que dans les modes de la figure qui nous occupe, on ne saurait, en se conformant à cette règle, arriver à une conclusion qui détruise en effet la conclusion de l'ancien syllogisme. Il résulte de cette impossibilité que la contraire de la conclusion de l'ancien syllogisme, prise pour point de départ du syllogisme nouveau, doit, dans ce syllogisme nouveau, prendre la place de la majeure et non point de la mineure, quoique ce soit la mineure et non la

[1] Albert. Magn., l. I, cap. ı, p. 461.

majeure qu'on se propose de détruire par le raisonnement qu'on institue [1].

Dès qu'il en est ainsi, dès que pour détruire la mineure d'un syllogisme de la troisième figure, il nous
faut prendre, pour en faire la majeure d'un syllogisme
de la seconde figure, la contraire de la conclusion des
six modes de la troisième, voici ce qui arrive : c'est
que, les conclusions des modes utiles de cette troisième
figure étant invariablement des particulières, soit affirmatives soit négatives, leurs contraires sont pareillement des particulières. Or une particulière ne saurait
devenir la majeure d'un des modes de la seconde
figure, attendu que les quatre modes utiles de la
seconde figure ont pour majeures des universelles.
Donc, enfin, la mineure des six modes : *darapti, felapton, disamis, datisi, bocardo, ferison*, ne saurait se détruire par la contraire dans la seconde figure [2]. Ce qu'il
fallait démontrer.

[1] Syllogismus primus :

    dar = Omnis voluptas est utilis ;
    ap = Omnis voluptas est expetenda ;
    ti = Aliquod expetendum non est utile :

Non evertitur minor propositio :

    o = Aliquid expetendum non est utile ;
    a = Omnis voluptas est utilis.

Nihil concluditur. (Jul. Pacii, *Ann. ad Aristotel. Analyt. prior.*, lib. II
ap. x.)

[2] J'ai à relever ici une erreur de quelque importance, laquelle a échapp
à l'attention de M. Barthélemy Saint-Hilaire. Il a avancé par mégarde
que le mode *darapti* se convertissait dans la troisième figure. Voici les
paroles du savant traducteur :

« Syllogismes en *darapti* dont les prémisses ne peuvent être détruites
« par la conversion de la contraire. Premier syllogisme : A est à tout C ;
« B est à tout C ; donc A est à quelque B... Troisième syllogisme qui ne

Ainsi donc en ce qui regarde la conversion, « on
« peut remarquer que dans la première figure les
« syllogismes se forment par la figure moyenne et la
« dernière ;..... dans la seconde, les propositions sont
« détruites par la première et la dernière.... Enfin,
« dans la dernière figure, elles sont détruites par la
« première et par la moyenne [1]. »

Nous avons déterminé les modes et les figures dans
lesquelles s'accomplissait la destruction de la majeure
ou de la mineure par la contraire [2] ; il nous faut mainte-

« détruit pas la mineure : A est à tout C ; A n'est pas à quelque B ; pas de
« conclusion. Le second et le troisième syllogisme n'ont pas de conclusion,
« parce que le mode O A est inutile dans la première figure, et A O dans
« la troisième. » (Tome II, p. 252.)

J'ai cru d'abord à une méprise de plume et non pas à une erreur ; cependant M. Barthélemy Saint-Hilaire renvoie lui-même au sixième chapitre du premier livre des *Premiers Analytiques*, § 16, où il est question
du mode A O, lequel ne conclut pas dans la troisième figure. Il résulte
des propres paroles du traducteur, telles que nous les avons citées, que
le mode *darapti* se convertit bien en effet dans la seconde figure et non
point dans la troisième ; il suffit de se rappeler le vers employé dans les
écoles :

Sub præ, tum præ præ, tum sub sub, denique præ sub.

[1] *Analyt. prior.*, lib. II, cap. x, § 13.
[2] « Ut autem hæc omnia facilius appareant, hoc brevi typo repræ-
sentatur :

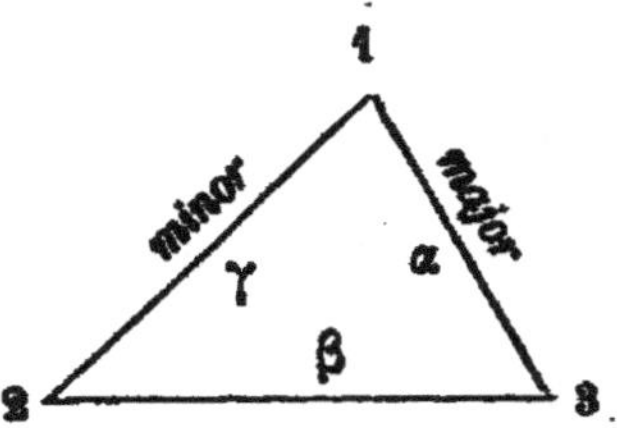

« Ut hujus figuræ usus intelligatur, sciendum est numeris illis 1, 2, 3 si-
gnificari tres syllogismorum figuras, lineis autem trianguli notari propositiones : adscriptæ sunt singulis lineis litteræ græcæ ut intelligatur quæ propositio sit, nam α majorem propositionem significat ; γ minorem ; β si
comparetur cum α est minor propositio, si cum γ est major : sic enim

nant définir la conversion à l'absurde par la contradictoire, et déterminer les cas et les conditions dans lesquels elle s'accomplit.

CHAPITRE VIII

Conversion à l'absurde par la contradictoire, dans Aristote.

Nous avons eu déjà l'occasion de démontrer qu'autre
chose est la conversion par la contraire, autre chose la
conversion par la contradictoire [1]. Je n'ignore pas qu'il
est souvent arrivé à Aristote de confondre, dans les
termes qu'il emploie, ces deux opérations [2], et de les
désigner, l'une comme l'autre, par le même mot, ἀντικεῖσθαι [3]. Toutefois, il est hors de doute pour quiconque
lit attentivement le texte de sa logique, particulièrement en ce qui concerne la conversion qui va nous

binæ litteræ accipi semper debent, ut quæ in alphabeto est prior majorem
propositionem indicet, posterior minorem. Quo tamen facilius hoc intelligatur, in ipsa figura adscripsi etiam hanc interpretationem: nam ubi est α,
ibidem scriptum est *major*; ubi γ, *minor*; ubi β, *major et minor*. Si igitur
scire vis in qua figura fiat syllogismus conversivus, constitue primum syllogismum in eo angulo in quo est numerus syllogismi figuram indicans, id
est syllogismum primæ figuræ in primo angulo; secundæ in secundo, ter-
tiæ in tertio; et inspice duas lineas ad eum angulum ducentes, ac duos nu-
meros extremis illis lineis adscriptos. Sic habebis figuras in quibus fiunt
syllogismi conversivi quorum alter evertit majorem, alter minorem... »
(Jul. Pacii *Comment. Analyt.*, p. 225.)

[1] Voir plus haut, chap. v.

[2] « *Propositions opposées*, soit contraires, soit contradictoires. Du reste,
« Aristote se sert du même mot pour exprimer l'idée générale d'*opposé*,
« et l'idée spéciale de *contradictoire*. » (Barthélemy Saint-Hilaire, trad.,
t. II, p. 276.)

[3] *Analyt. prior.*, lib. II, cap. xv, § 2.

occuper, qu'Aristote n'a pas laissé de mettre une différence entre les deux mots ἀντικειμένως, ἐναντίως [1], entre la
proposition contraire et la proposition contradictoire.

Les contradictoires s'opposent entre elles de deux
façons : « l'universelle affirmative à la négative parti-
« culière, l'affirmative particulière à la négative géné-
« rale [2]. » Tel est le point de départ de la conversion
par la contradictoire.

Un syllogisme est posé dont les prémisses sont de
part et d'autre accordées ; il n'y a de dissentiment que
sur la conclusion. Cette conclusion vous paraît bonne,
elle paraît illégitime à vos adversaires. C'est là qu'est
tout le nœud de la question.

Dès que vos adversaires contestent la conclusion de
ce syllogisme, vous êtes autorisé à prendre la contradictoire de cette conclusion : c'est entrer complétement
dans l'opinion même de vos adversaires.

Je construis maintenant un syllogisme nouveau,
dans lequel l'une des deux prémisses est la contradictoire de la conclusion de l'ancien syllogisme, et dont
l'autre est, suivant les cas, ou la majeure, ou la mineure
de cet ancien syllogisme.

Suivant que vous avez conservé, dans votre syllogisme nouveau, l'une ou l'autre de ces deux prémisses,
vous aboutissez, dans votre conclusion, à nier l'une ou
l'autre des deux prémisses de l'ancien syllogisme.

Or, il faut bien remarquer que nous avons employé

---

[1] *Analyt. prior.*, lib. II, cap. viii, § 2.
[2] Ibid.

pour détruire la majeure ou la mineure du syllogisme ancien, la contradictoire et non pas la contraire.

Or les contradictoires ne peuvent pas être vraies toutes les deux en même temps.

D'un autre côté, on avait débuté par tomber d'accord sur la vérité des deux prémisses.

Donc la contradictoire de l'une d'entre elles est fausse.

Mais cette contradictoire qui est fausse, n'est rien autre chose que la conclusion même du nouveau syllogisme.

Toute conclusion fausse dérive de prémisses qui sont fausses toutes les deux, ou dont l'une n'est point vraie.

Or quelles sont les prémisses du nouveau syllogisme que nous avons construit?

Nous y introduisons d'abord la prémisse majeure ou la prémisse mineure qui se trouvait déjà dans l'ancien syllogisme.

Or, les deux prémisses de cet ancien syllogisme étaient, l'une et l'autre, en dehors de la discussion.

Donc, ni la majeure ni la mineure conservées ne peuvent être fausses, ni l'une ni l'autre.

Je rencontre en second lieu, dans le nouveau syllogisme, la contradictoire de la conclusion de l'ancien. J'en ai fait, comme on se le rappelle, l'une des deux prémisses de mon syllogisme nouveau.

Dès qu'il faut, de toute nécessité, que l'une des deux prémisses soit fausse, celle qui se trouve dans ce cas est la contradictoire de la conclusion du premier syllogisme.

Mais deux propositions contradictoires ne peuvent être toutes les deux fausses, et la fausseté de l'une entraîne la vérité de l'autre [1].

On aboutit enfin à ce résultat, que la contradictoire de la conclusion de l'ancien syllogisme étant fausse, cette conclusion elle-même est vraie.

Ce qu'il fallait démontrer.

CHAPITRE IX

Emploi de la conversion à l'absurde par la contradictoire, d'après Aristote.

Nous savons maintenant en quoi consiste la conversion à l'absurde par la contradictoire. Il nous reste à voir, maintenant, comment cette sorte de démonstration s'applique en détail à la conversion des syllogismes [2].

Nous ne rencontrerons point ici les mêmes difficultés que dans l'étude de la conversion à l'absurde par la contraire. Nous avons vu que par ce moyen un grand nombre de modes ne pouvaient être détruits. Ici, au contraire, il n'en est aucun qui échappe à la généralité de la méthode, et la conversion n'offre d'ailleurs aucune difficulté.

---

[1] *Philosophia Lugdunensis*, p. 240. Cf. *Port-Royal*, part. II, cap. IV.
[2] *Analyt. prior.*, lib. II, cap. VIII, IX, X. Cf. Jul. Pacii *Comment. Analyt.*, p. 226.

Première figure.

Dans la première figure, la destruction de la majeure par la contradictoire s'accomplit par les modes de la troisième; la destruction de la mineure, par les modes de la seconde figure. En voici le tableau :

La destruction de *barbara* s'accomplit en *bocardo;*

De *celarent.* . . . . en *disamis;*

De *darii.* . . . . en *ferison;*

De *ferio.* . . . . en *datisi.*

Quant à la mineure,

Celle de *barbara* se détruit en *baroco;*

De *celarent.* . . . en *festino;*

De *darii.* . . . . en *camestres;*

De *ferio.* . . . . en *cesare.*

Ainsi, comme on le voit, la majeure et la mineure des modes de la première figure sont détruits par la contradictoire dans des modes de la seconde et de la troisième.

Seconde figure.

Dans la seconde figure, la destruction de la majeure par la contradictoire s'accomplit dans la troisième, et la destruction de la mineure dans la première.

La destruction de la majeure s'accomplit de la façon suivante :

Celle de *cesare.* . . en *ferison;*

De *camestres* . . . en *datisi;*

De *festino* . . . . . en *disamis;*
De *baroco* . . . . . en *bocardo.*

Quant à la mineure,
Celle de *cesare* se détruit en *darii;*

De *camestres* . . . . en *ferio;*
De *festino* . . . . . en *celarent;*
De *baroco* . . . . . en *barbara.*

Donc la majeure et la mineure des modes de la seconde figure se détruisent par la contradictoire dans des modes de la troisième et de la première.

Troisième figure.

Dans la troisième figure, la destruction contradictoire de la majeure s'accomplit dans la première, et la destruction contradictoire de la mineure dans la seconde.

Les modes concluants de la troisième figure s'énoncent d'ordinaire dans l'ordre suivant :

1. *Darapti,*
2. *Felapton,*
3. *Disamis,*
4. *Datisi,*
5. *Bocardo,*
6. *Ferison.*

Pour la facilité de la démonstration, nous changerons ici quelque chose à l'ordre consacré. Nous laisserons de côté, pour un instant, les deux modes *darapti* et *felapton*, et nous nous occuperons d'abord des quatre derniers.

Parlons d'abord des majeures.

Celle de *disamis* se détruit en *celarent;*

De *datisi* . . . . en *ferio;*
De *bocardo* . . . . en *barbara;*
De *ferison* . . . . en *darii*.

Quant à la mineure,
Celle de *disamis* se détruit en *festino;*

De *datisi*. . . . . en *cesare;*
De *bocardo*. . . . en *baroco;*
De *ferison* . . . . en *camestres*.

Dans ces quatre modes, il ne se présente ni difficultés à vaincre, ni remarques nouvelles à faire.

Venons maintenant aux deux modes *darapti* et *felapton*.

La majeure de *darapti* se détruit en *celarent*, et la mineure en *cesare*.

La majeure de *felapton* se détruit en *barbara*, et la mineure en *camestres*.

Il se présente ici une remarque importante.

Bien que nous ayons pris, pour construire notre nouveau syllogisme, la contradictoire de la conclusion de l'ancien, la conclusion à laquelle nous aboutissons nous-même par ce nouveau syllogisme n'est pas la contradictoire, mais la contraire, soit de la majeure, soit de la mineure de l'ancien. Dans les deux conversions du mode *darapti*, les deux propositions E et A, qui sont mises en face l'une de l'autre, sont opposées en tant que contraires, mais non point en tant que contradictoires, et il en va de même des deux conversions du mode *felapton*[1].

Il fallait, pour être exact, signaler la différence dont nous venons de parler, mais cette différence ne porte aucune atteinte à la légitimité de la démonstration. Bien que la conclusion à laquelle on aboutit ne soit point en effet la contradictoire de la prémisse que l'on veut détruire, il suffit que l'hypothèse qui sert de point de départ au raisonnement repose sur une contradictoire; il n'en faut pas davantage pour avoir le droit d'affirmer la validité de l'argumentation.

CHAPITRE X

Différence de la conversion à l'absurde et de la réduction à l'absurde.

Lorsqu'il nous est arrivé pour la première fois de nommer l'espèce particulière de démonstration à laquelle nous donnons le nom de *conversion à l'absurde*[2], nous avons cru devoir attirer sur cette expression l'attention du lecteur. Il y a dans Aristote une autre sorte de démonstration par l'absurde, qui porte non plus le nom de *conversion*, mais de *réduction*, ou de *déduction à l'absurde* ou *à l'impossible*[3].

---

[1] Cette différence paraît avoir échappé à M. Barthélemy Saint-Hilaire, dans sa traduction française d'Aristote. Les termes un peu obscurs dont il se sert en parlant de la conversion des deux modes *darapti* et *felapton*, paraissent faits pour conduire le lecteur à supposer qu'il n'y a rien de particulier dans la conversion de ces deux modes. (Voir le tome II de cette traduction, p. 254-255.)

[2] Voir plus haut, chap. v.

[3] Aristote emploie deux expressions différentes, suivant qu'il veut dé-

Nous avons à parler maintenant de cette dernière espèce de raisonnement.

On a souvent confondu ces deux sortes de démonstrations [1], et Aristote lui-même n'a pas su toujours éviter cette confusion.

Dans la conversion proprement dite, « on convertit « en construisant un syllogisme nouveau au moyen de « deux propositions [2]. » Il est donc nécessaire, dans une semblable démonstration, « qu'il y ait un raison-« nement antécédent ; qu'il y ait deux propositions po-« sées comme prémisses, et qu'on prenne ensuite la « proposition opposée à la conclusion supposée [3]. » « Il y a donc, par le fait, deux syllogismes, le premier « exponentiel, le second destiné à détruire une des « deux prémisses du premier [4]. »

La *réduction* à l'absurde ou à l'impossible, « ne sup-« pose avant elle qu'une seule proposition, dont on se

signer la conversion ou la réduction à l'absurde. Pour la conversion, il emploie le mot ἀντιστρέφειν. (Cf. *Analyt. prior.*, lib. II, cap. x. — Bekk, tom. I, p. 61, a, lign. 17; id. a, lign. 32; id. a, lign. 22.—*Analyt. prior.*, lib. II, cap. viii. — Bekk, t. I, p. 59, b, lign. 1. Voir également de nombreux exemples dans les ch. ix et x du même livre.) Pour la réduction à l'absurde, Aristote emploie l'expression ἀπάγειν εἰς ἀδύνατον. (Cf. *Analyt. prior.*, lib. II, cap. x. Ap. Bekk, t. I, p. 61, a, lign. 19; id., a, lign. 24; id., a, lign. 33 ; id., a, lign. 35. Cf. *Analyt. prior.*, lib. II, cap. xii et xiii.)

[1] Voir par exemple P. Fonseca, *Institut. dialect.*, lib. VI, in cap. xxvii, *de Probatione Syllogismorum imperfectorum per deductionem ad impossibile*. Cf. *Philosophiam Lugdunensem*, diss. II, cap. ii, art. 2. Cf. *Comment. collegii Complutensis*, lib. III, *de Argumentatione*, cap. vi, *de Probatione Syllogismorum perfectorum et reductione imperfectorum*, p. 35.

[2] *Analyt. prior.*, lib. II, cap. xi, § 1.

[3] In l. l. J. Monlorii *Paraphr.*, ed. l., p. 326.

[4] In l. l. Jul. Pacii *Comment. Analyt.*, ed. l., p. 237. Cf. Albert. Magn., tr. IV, cap. 1 : « Quid syllogismus per impossibile, et in quo differat et in quo conveniat cum syllogismo conversivo ? » (Ed. l., p. 468.)

« propose de donner la preuve indirecte ; on prend la
« proposition opposée, et l'on en tire une conséquence
« manifestement fausse [1], » opération qui s'accomplit
à l'aide d'un seul syllogisme [2].

Il y a donc entre les deux démonstrations que nous
comparons, cette différence, que, conduisant toutes
deux à un syllogisme nouveau, elles partent, l'une d'un
syllogisme antérieur, l'autre d'une seule proposition.

Étant ainsi donnée une proposition à réduire à l'absurde ou à l'impossible, cette démonstration s'accomplit de la façon suivante.

Étant supposé que la proposition mise en avant est
contestée par vos adversaires, vous en prenez d'abord
la contradictoire. Vous prenez ensuite une proposition
dont la matière même suffise à faire ressortir l'évidence
objective. Vous avez ainsi un syllogisme normalement
construit, qui aboutira à une conclusion d'une absurdité
manifeste.

Une fois la ligne de démarcation tracée entre ces
deux démonstrations, il ne faut point manquer de faire
remarquer « que les éléments en sont de part et d'autre
« les mêmes, et que leur construction logique ne dif-
« fère point... Partout où le procédé de la con-
« version est possible, celui de la réduction l'est éga-

---

[1] Duns Scot. *Comm.*, quæst. v : « Utrum syllogismus conversivus differat a syllogismo ad impossibile. » (Ed. 1., p. 387.)

[2] ...'Επὶ τῆς ἀντιστροφῆς δεῖ πρῶτον συλλογισμὸν γενέσθαι εἶθ' οὕτως ἀντιστροφήν, ἐπὶ δὲ τῆς εἰς ἀδύνατον ἀπαγωγῆς καὶ ἄνευ τοῦ γενέσθαι συλλογισμὸν δυνατὸν δεῖξαι τὸ ἄτοπον ἑπόμενον. (Joh. Philop., fol. 106, a. Cf. Anonym. Græc. ap. Bekk., p. 191, a, l. 7.)

« lement [1]. » Les deux procédés de la conversion et de la réduction à l'absurde viennent s'identifier dans le dernier fond de l'esprit humain. Ils n'ont point la même forme ni le même nombre de propositions, mais ils reposent sur les mêmes conceptions de notre intelligence.

Il résulte de la différence que j'ai signalée dans la forme, qu'étant donnée une proposition isolée, la réduction à l'absurde de cette proposition, à l'exception d'un mode unique [2], s'accomplit dans trois figures [3].

La conversion à l'absurde, comme nous l'avons vu dans un des chapitres précédents [4], ne s'accomplit que dans des modes déterminés de telle ou telle figure.

Il résulte de ce qui précède, qu'il n'est pas rigoureusement nécessaire de considérer à part la réduction à l'absurde. La réduction à l'absurde n'est pas autre chose qu'un cas particulier de la conversion, dans le-

---

[1] *Analyt. prior.*, lib. II, cap. II, § 1.

Τὸ ἀνάπαλιν ὤφειλεν εἰπεῖν, ὅτι ὅσα διὰ τοῦ ἀδύνατον δείκνυται, καὶ τῇ ἀντιστροφῇ δείκνυται, ὅσα δὲ διὰ τῆς ἀντιστροφῆς, οὐκέτι διὰ τοῦ ἀδύνατον, ἐπὶ πλέον γὰρ ἡ ἀντιστροφὴ τῆς δι' ἀδύνατον. (Joh. Phil., fol. 106, b.)

[2] Τὸ δὲ καθόλου κατηγορικὸν ἐν μὲν τῷ μέσῳ καὶ τῷ τρίτῳ δείκνυται, ἐν δὲ τῷ πρώτῳ οὐ δείκνυται. (*Analyt. prior.*, lib. II, cap. XI, § 2.)

[3] « On peut réduire à l'absurde par le mode où se trouve, soit dans la « majeure, soit dans la mineure, la contradictoire de la proposition qu'on « veut ainsi démontrer. Soit, par exemple, à démontrer la particulière « négative O; on le pourra dans tous les modes où l'on trouvera la proposition « contradictoire, c'est-à-dire l'universelle affirmative A. Ainsi O sera « démontré par l'absurde dans *barbara* majeure et mineure; dans « *celarent* mineure; *darii* majeure : en somme dans onze modes; I dans « sept; E dans six; enfin A dans deux seulement. » (Barthélemy Saint-Hilaire, trad., t. II, p. 269, 270.)

[4] Voir plus haut, chap. VII.

quel on supprimerait le syllogisme dont la proposition donnée était la conclusion. Je ne crois donc pas devoir suivre Aristote dans les développements qu'il donne à ses recherches sur ce genre de démonstration.

Nous avons donc trouvé dans Aristote quatre méthodes de démonstration applicables au syllogisme ; nous avons résumé ses enseignements sur chacune d'elles :

1° Sur la méthode algébrique ou littérale ;

2° Sur la méthode par l'exposition des termes ;

3° Par l'exemple ;

4° Par la conversion.

LIVRE TROISIÈME

SECONDE PARTIE

CRITIQUE D'ARISTOTE.

CHAPITRE PREMIER

Programme et division de cette seconde partie.

Nous venons de voir qu'Aristote emploie quatre modes de démonstration pour établir toute sa doctrine des syllogismes.

J'ai à chercher quelle est la valeur de chacune de ces démonstrations, quels en sont les principes, quelle en est la méthode.

Je ferai cette recherche successivement :

1° Pour la démonstration littérale ;
2° Pour la démonstration par l'exemple ;
3° Pour la démonstration par l'exposition des termes ;
4° Pour la démonstration par la conversion.

CHAPITRE II

Avantage de la démonstration littérale.

Aristote paraît avoir été le premier qui ait imaginé de remplacer les termes des propositions par les lettres de l'alphabet, et d'offrir ainsi à l'esprit comme une image de nos idées [1].

Il est probable qu'il a emprunté ce procédé aux mathématiciens de son temps, quoique son génie ait suffi à tout créer pour ainsi dire, dans cette science alors si nouvelle de la logique [2].

Dès qu'on admet la division de la logique en deux parties, suivant ce que nous avons dit plus haut, toute la théorie des syllogismes est une pure affaire de forme,

[1] Cf. Barthélemy Saint-Hilaire, trad., t. II, p. 7.

[2] Je ne parle pas, bien entendu, des logiques indiennes, absolument inconnues en Grèce à cette époque. Toutefois, avant Aristote, il y avait déjà eu quelques essais de science; on avait étudié déjà le raisonnement et les divers modes d'argumentation, témoin Archytas, qui avait écrit un livre sur les *Catégories*. (*Aristot. Categor.*, cap. vi, Simplicius fol. 4. Cf. fol. 7, § 8.) Témoin encore Thémistius, qui disait qu'avant Aristote Platon avait employé le syllogisme dans le *Phédon* et dans la plupart de ses dialogues. (Cf. *Ad Aristot. Analyt. prior.*, lib. I, cap. 1, Joh. Philop., fol. 4.) Assurément la preuve n'est pas forte, et l'usage du syllogisme est loin d'en supposer la théorie scientifique. Ce qu'il y a de constant, d'après le témoignage même d'Aristote, c'est que plusieurs des termes usités dans la logique ont été employés pour la première fois par lui; tels sont les mots : *contradictoire* (*de Interpret.*, cap. vi, § 4), *indéfini* (*Categor.*, cap. ii, § 4), *terme* (*Analyt. prior.*, lib. I, cap 1, § 7. Cf. Alex., fol. 6; Joh. Philop., fol. 8; Cod. Paris. reg. 2061; ap. Bekk., p. 156, a, lig. 9). Aristote lui-même a fait remarquer qu'il était obligé de donner des noms nouveaux à des idées nouvelles. (Cf. *Categor.*, cap. vii, § 11.)

qui, ni de près ni de loin, n'a rien à démêler avec la matière.

En effet « le syllogisme est une forme de raisonne-
« ment, dans laquelle, étant posées certaines vérités, il
« résulte de ces vérités admises une vérité nouvelle,
« conséquence nécessaire et immédiate des pre-
« mières [1]. »

C'est précisément en cela que consiste toute la puissance du syllogisme. Étant donnée une majeure, il permet à l'esprit, abstraction faite de toute considération tirée de la matière et par la seule puissance de la forme, de mettre en évidence des propositions nouvelles, lesquelles étaient implicitement contenues dans la majeure.

Aristote a avancé que les deux premiers modes de la première figure aboutissent directement à une conclusion, en vertu de la forme même des propositions qui les constituent. Cette assertion est exacte, mais elle n'est pas suffisante. Il aurait dû entrer dans plus de détails. Sans doute ni *barbara*, ni *celarent* ne peuvent se démontrer à l'aide d'une argumentation en forme, puisque l'un et l'autre sont l'expression directe et immédiate des principes mêmes sur lesquels se fonde toute démonstration ; mais, au moins, aurait-il fallu faire remarquer que ces deux modes reposent, le premier, *barbara*, sur le principe d'identité ; le second, *celarent*, sur le principe de contradiction [2].

---

[1] *Analyt. prior.*, lib. I, cap. 1, § 8.
[2] « Il faut donc deux premiers principes : l'un pour les vérités affirma-
« tives, savoir : tout ce qui est, est ; l'autre pour les vérités négatives,

Une conversion directe permet de ramener tous les modes de toutes les figures à *barbara* et à *celarent* à l'exception toutefois des modes *baroco* et *bocardo* [1].

Il reste, avant de passer outre, à louer l'heureuse idée d'avoir fait usage des lettres ; ce procédé communique aux démonstrations un caractère de généralité, et permet de ne considérer en elles que les relations purement logiques des termes [2]. Il eût été à souhaiter que, dans le développement de sa doctrine, Aristote eût fait usage plus souvent de cette excellente méthode, et qu'il n'eût pas oublié si fréquemment la véritable nature de la logique syllogistique.

CHAPITRE III

Critique des démonstrations par l'exemple et par l'exposition des termes.

Nous nous trouvons ici en présence d'une méthode de démonstration qui ne devrait point trouver sa place dans une théorie du syllogisme un peu rigoureuse.

Au fond, les démonstrations par l'exemple et par l'exposition des termes se ressemblent beaucoup ; on

---

« savoir : tout ce qui n'est pas, n'est pas. » (Kant, *Principiorum primorum Cognitionis metaphysicæ nova Dilucidatio*, 1755, trad. Tissot, p. 375.)

[1] Cf. *Analyt. prior*, lib. I, cap. vii.

[2] Χωρὶς τῆς ὕλης αὐτοὺς τοὺς τρόπους προστιθεὶς ταῖς προτάσεσι, καθολικὰς ἐπ' αὐτῶν τὰς δείξεις ποιεῖται· οὐ παρὰ τήνδε ἢ τήνδε τὴν ὕλην δεικνὺς τὴν διαφόραν γινομένην τῶν συλλογισμῶν, ἀλλὰ παρὰ τὸν προκείμενον τρόπον. (Alex., fol. 10.)

pourrait même dire, à un certain point de vue, qu'elles se confondent. C'est en effet ce qui résulte de leur définition même. On emploie la démonstration par l'exemple toutes les fois qu'étant donnés deux termes entre lesquels l'esprit n'aperçoit pas le lien du raisonnement déductif, on substitue à ces termes des termes nouveaux, tels qu'en considérant les idées qui les constituent, la seule puissance de la matière fasse apparaître la liaison de la conséquence. On emploie la démonstration par l'exposition des termes toutes les fois qu'étant données des idées entre lesquelles on n'aperçoit pas de rapport logique, on prend des idées nouvelles, tellement choisies qu'on en peut faire à volonté ou un syllogisme négatif, ou un syllogisme affirmatif, résultant, l'un comme l'autre, de la seule puissance de la matière; ce qui revient à dire qu'il n'y a point de syllogisme possible.

Il me semble qu'il suffit de se rappeler ces définitions pour reconnaître que les deux démonstrations par l'exemple et par l'exposition des termes, emploient les mêmes procédés et reposent sur le même principe.

Je m'étonne de voir un philosophe tel qu'Aristote tomber dans l'erreur qu'il me reste à faire ressortir. Cette erreur serait à peine concevable chez un homme qui n'aurait pas la moindre notion de la logique.

Nous avons reconnu que la logique est divisée en deux parties : l'une objective, l'autre formelle ; nous avons reconnu de plus que l'essence et les lois du syllogisme dépendent uniquement de la forme; la con clusion doit ressortir des prémisses données, par la seule puissance logique des propositions. Si l'on veut un commentaire de ces paroles, je dirai que le lien logique qui, dans la conclusion, doit unir entre eux le grand et le petit terme, doit se nouer dans les prémisses par l'intermédiaire du moyen, tellement qu'abstraction faite de toute autre espèce de considération, la liaison du grand et du petit terme ressorte nécessairement. C'est précisément cette liaison qui constitue la conclusion.

Or il n'est point dans l'essence du syllogisme que la validité ou l'insuffisance de la démonstration dépende de la vérité ou de la fausseté de la conclusion. Il suffit, pour que le syllogisme soit bon, que la conclusion dépende en réalité des prémisses. Cette dépendance ne peut se démontrer qu'à l'aide du principe d'identité ; aucun syllogisme ne peut être légitime et définitif, si l'on n'a établi d'une façon géométrique que la conclusion repose sur ce principe fondamental de l'entendement humain.

Personne n'ignore combien il y a de syllogismes excellents, soumis à toutes les règles des figures et des modes, et qui cependant n'ont aucun rapport avec la vérité objective.

Un syllogisme peut parfaitement aboutir à une conclusion fausse, sans qu'il en résulte pour cela que ce syllogisme est imparfait et incapable de conclure. Il suffit, en effet, pour aboutir à une conclusion erronée, que le syllogisme le mieux construit ait une de ses deux prémisses fausse.

Réciproquement, c'est n'aboutir à rien que de faire ressortir dans un syllogisme la vérité objective de la conclusion. Il peut très-bien arriver en effet que cette conclusion, quelque irréprochable qu'elle soit, ne dérive en aucune manière des prémisses auxquelles on l'attribue. Au point de vue de la logique, il n'y a pas de comparaison à faire entre une conclusion fausse, déduite logiquement des prémisses qu'on a posées et une proposition vraie laquelle n'est point tirée des prémisses auxquelles on la rapporte. Dans le premier cas, nous sommes en présence d'un syllogisme authentique que la fausseté des prémisses conduit à une conclusion malheureuse ; dans le second cas, nous n'avons plus devant nous qu'un fantôme d'argumentation.

Appliquons à la critique des démonstrations péripatéticiennes, les principes que nous venons de poser et les remarques que nous venons de faire.

Vous êtes en présence d'un syllogisme qui vous paraît incertain ; vous avez besoin de raffermir et de fixer votre jugement. A cet effet, vous allez chercher un exemple et vous vous en rapportez à la matière de ce syllogisme. C'est là une bien grande illusion. Voyez plutôt.

Vous regardez ce syllogisme comme incertain parce que vous ne voyez pas bien si la conclusion est ou n'est pas renfermée dans les prémisses posées. Je demande si l'exemple que vous invoquez rendra plus apparent pour votre esprit, et plus étroit au point de vue du raisonnement, le lien qui doit exister entre les prémisses et la conclusion. En aucune façon. Bien plus, rien ne m'empêche de vous accorder que votre conclusion est vraie, sans qu'il vous soit permis d'en tirer aucune conséquence. Il vous faudrait avoir démontré auparavant que cette conclusion est en effet déduite de vos prémisses. Si vous aviez fait cette démonstration, je n'aurais pas à vous demander si cette conclusion est vraie ou fausse. C'est quand il s'agit des prémisses et non point lorsqu'il s'agit de la conclusion, que l'on doit examiner la matière des propositions qu'on formule ; la vérité objective de la conclusion ne prouve pas même la vérité des prémisses, puisqu'il n'est point impossible, dans la logique formelle, de tirer une conclusion vraie objectivement même de prémisses fausses.

Je ne saurais donc reconnaître absolument aucune valeur à la méthode de démonstration par l'exemple. Elle est en opposition avec l'essence même du raisonnement syllogistique, et c'est en vain qu'elle fait appel à la vérité objective de la conclusion, pour en démontrer la valeur logique.

J'examinerai maintenant la méthode de démonstration par l'exposition des termes.

J'y trouve un double et irrémissible défaut.

La démonstration par l'exposition des termes consiste à choisir des termes différents, et, si on en croit Aristote, à construire deux syllogismes, qui, avec des prémisses symétriquement disposées, donnent, l'un une conclusion affirmative, l'autre une conclusion négative. Il y a ici, n'en déplaise à Aristote, plus d'erreurs pour ainsi dire que de mots. D'où vient, en effet, qu'en variant les termes, nous avons en apparence ici une conclusion affirmative et là une conclusion négative ? C'est tout simplement parce qu'au fond il n'y a aucun lien, dans ces deux prétendus syllogismes, entre ce qu'il me plaît d'appeler des conclusions et des prémisses. Il n'y a pas même là l'ombre d'un syllogisme ou d'une démonstration : dans le premier des deux syllogismes ainsi construits, la conclusion ne dérive en aucune manière des prémisses qu'on a posées ; elle n'en dérive pas davantage dans le second. Que peut signifier la contradiction qu'on signale entre les conclusions de ces deux syllogismes, puisqu'à vrai dire il n'y a, d'un côté ni de l'autre, rien qui ressemble à une conclusion? La fausseté de la méthode rend inutile tout l'effort de cette démonstration apparente. C'est jouer sur les mots que de prétendre tirer d'une forme syllogistique vicieuse des conclusions contradictoires. Il serait plus exact de dire qu'il n'y a point de conclusion possible, et le meilleur serait encore de le démontrer, en invoquant quelque autre méthode.

Il faut croire que l'autorité d'Aristote a singulièrement protégé l'erreur que je relève, puisque je ne l'ai trouvée signalée par aucun des commentateurs de sa doctrine.

CHAPITRE IV

Des principes sur lesquels repose la conversion à l'absurde.

La conversion à l'absurde a pour but de démontrer indirectement la conclusion d'un syllogisme. Elle consiste à prendre la contraire ou la contradictoire de cette conclusion, et à la réunir avec l'une des deux prémisses de façon à en tirer une conclusion nouvelle qui soit la contraire, ou la contradictoire de l'autre prémisse.

On conclut de la fausseté de cette conséquence à la fausseté de l'une des deux prémisses dont on s'est servi, et par suite à la fausseté de l'hypothèse qui a servi de point de départ.

Dès que cette hypothèse est reconnue fausse, il faut se rendre à la légitimité de la conclusion du syllogisme qu'on avait d'abord. C'est par cette dernière conséquence que s'achève la démonstration.

Bien que cette argumentation ne paraisse pas manquer de consistance, elle ne laisse pas de prêter le flanc à quelques critiques, surtout en ce qui concerne la conversion par la contraire. Je renverrai ces critiques de détail au chapitre qui va suivre, et, sous le bénéfice de cette réserve, je ferai ici quelques réflexions sur l'ensemble de la doctrine.

Toute la théorie de la conversion peut se ramener à trois principes :

1. *De deux contradictoires, il y en a une vraie, l'autre est fausse.*

2. *De deux contraires, il y en a une fausse.*

3. *Une conclusion fausse ne saurait se déduire de prémisses vraies.*

Aristote a eu le tort de ne justifier par aucune démonstration, ni le premier, ni le second de ces principes ; l'un et l'autre, comme nous l'avons vu, se démontrent par le principe d'identité et le principe de contradiction.

Quant au troisième principe, à savoir *une conclusion fausse ne saurait se déduire de prémisses vraies,* Aristote en a donné une démonstration particulière.

Voici cette démonstration.

« Voici la preuve que de propositions vraies on ne « peut pas tirer une conclusion fausse. En effet, si, « A étant, il y a nécessité que B soit, B n'étant pas, il « y a nécessité non moins évidente que A ne soit pas. « Si donc A est vrai, B le sera nécessairement aussi, « ou bien il en résulterait cette contradiction absurde, « qu'une même chose, dans un même temps, serait et « ne serait pas [1]. »

Il est donc établi, par le principe même d'identité, qu'une conclusion fausse ne saurait se déduire de prémisses vraies.

On éprouve quelque surprise et quelque répugnance à rapprocher l'assertion qui vient d'être démontrée de cette autre assertion plusieurs fois répétée dans Aris-

---

[1] Cf. *Analyt. prior.*, lib. II, cap. II, § 3.

tote que de prémisses fausses on peut, dans de certaines circonstances, tirer une conclusion vraie[1].

Aristote s'est donné beaucoup de peine pour démontrer cette dernière proposition; mais il n'a point vu que, dans de pareils exemples, un syllogisme véritable et légitime se cache sous les fausses prémisses. Ce ne sont point ces prémisses prétendues qui engendrent la conclusion, ce sont des propositions vraies que l'esprit sous-entend, et ces propositions vraies sont précisément les contraires ou les contradictoires de ces prémisses erronées; il serait facile d'expérimenter ces remarques par des exemples.

Je n'en dirai pas davantage sur les principes généraux de la conversion à l'absurde.

CHAPITRE V

Critique de la conversion à l'absurde par la contraire.

Aristote s'est complétement trompé en enseignant qu'on peut démontrer un syllogisme au moyen de la conversion à l'absurde par la contraire.

Le but de toute argumentation est de démontrer une proposition déterminée.

La conversion à l'absurde par la contraire a pour but de démontrer une proposition laquelle est la conclusion d'un syllogisme précédent.

---

[1] Cf. *Analyt. prior.*, lib. II, cap. ii, iii, iv.

Vous soutenez que cette proposition est fausse tandis qu'elle me paraît vraie ; j'entreprends donc de la démontrer contre vous.

Je procède dans cette démonstration par la contraire.

Je fais de cette contraire l'une des deux prémisses du syllogisme que j'entreprends de construire ; je prends pour seconde prémisse de ce nouveau syllogisme, une des deux prémisses de l'ancien. Au moyen de cette construction, j'aboutis, dans la conclusion de mon nouveau syllogisme, à nier celle des deux prémisses du syllogisme ancien dont je ne m'étais pas servi.

Voici maintenant comment s'achève l'argumentation. Dès que j'arrive à une conclusion opposée à l'une des deux prémisses de l'ancien syllogisme, j'ai le droit de dire que cette conclusion est fausse ; si elle est fausse, les prémisses dont elle ressort sont fausses également.

Mais des deux prémisses dont je me suis servi, il y en a une dont la vérité n'est point contestée : c'est celle que j'ai empruntée sans modification à l'ancien syllogisme. Je suis donc amené à reconnaître que celle des deux prémisses du nouveau syllogisme qui est fausse, est précisément la contraire de la conclusion du syllogisme ancien ; donc cette contraire que j'avais posée par hypothèse est démontrée fausse.

Voyons maintenant ce qui résulte de cette conséquence à laquelle je suis si laborieusement arrivé.

De ce que cette proposition-là est fausse, en résulte-t-il que sa contraire, dont j'ai entrepris de prouver la légitimité, soit vraie ? En aucune façon. En effet, deux contraires peuvent très-bien être fausses toutes les deux. Tout cet appareil de démonstration syllogistique aboutit donc, en dernière analyse, à ce résultat, que la proposition dont on avait prétendu donner la preuve ne laisse pas de pouvoir être fausse.

Telles sont les critiques sous lesquelles succombe la conversion à l'absurde par la contraire. J'aurai quelques remarques à faire sur l'usage logique de cette sorte de démonstration, mais je les renvoie à la fin du chapitre que je vais consacrer à l'examen de la conversion à l'absurde par la contradictoire.

CHAPITRE VI

Examen de la conversion à l'absurde par la contradictoire.

La conversion à l'absurde par la contradictoire ne suit pas un autre procédé que la conversion à l'absurde par la contraire. Toute la différence qu'il y a entre elles, c'est que la conversion par la contradictoire nous conduit à un résultat que la conversion par la contraire ne saurait atteindre. En effet, dans cette seconde espèce de conversion, une fois que nous sommes arrivés au bout de l'argumentation, une fois que nous avons reconnu la fausseté de la contradictoire opposée par hypothèse à la conclusion de l'ancien syllogisme, nous avons le droit d'affirmer que la conclusion de cet ancien syllogisme est vraie, puisque les contradictoires ont entre elles cette relation que l'une des deux étant reconnue fausse, l'autre se trouve vraie, et réciproquement.

Ainsi donc, étant donnée la conclusion d'un syllogisme quelconque, on peut, à l'aide de la conversion à l'absurde par la contradictoire, démontrer que cette proposition est vraie. Toutefois, ce mode d'argumentation ne me paraît point à l'abri de toute critique [1].

De quoi s'agit-il en effet dans la démonstration d'un syllogisme ? Il s'agit, avant tout, de faire voir qu'entre la conclusion de ce syllogisme et ses prémisses il existe un rapport logique tel, qu'en effet la conclusion dérive des prémisses que l'on a posées. Tant que l'on n'obtiendra pas ce résultat, la démonstration peut bien n'être pas sans valeur, elle ne saurait être ni évidente ni définitive.

Appliquons cette remarque à la démonstration par la contradictoire.

Soit, par exemple, le mode *baroco*. Le but qu'on se propose en le démontrant est de faire voir que la conclusion *o* est en effet renfermée dans les prémisses, et qu'on peut l'en tirer par la seule force de la déduction logique.

La conversion à l'absurde n'atteint en aucune manière ce résultat.

Sans doute, en prenant d'une part la proposition *a* contradictoire de la proposition *o*, et, d'autre part, la proposition *a* majeure de l'ancien syllogisme, nous aboutissons à construire un nouveau syllogisme en *bar-*

---

[1] Ἡ εἰς ἀδύνατον ἀπαγωγὴ ἔνστασιν ἔχει. (Alex., fol. 82, a.)

bara, dont la conclusion est, en effet, la contradictoire de la mineure de l'ancien syllogisme. L'absurdité de cette conclusion nous permet ainsi de reconnaître que la proposition *o*, qui nous avait servi de point de départ, est vraie en effet. Il n'en résulte aucunement que cette même proposition *o*, dans le syllogisme en *baroco*, dérive en effet de la majeure *a* et de la mineure *o*.

Je me suis demandé et j'ai cherché longtemps si l'on ne pourrait point justifier la démonstration par l'absurde et lui donner à elle-même une démonstration solide, tirée, s'il se pouvait, de l'essence du syllogisme.

Tous mes efforts ont été vains. J'estime que cette sorte de démonstration est applicable à une proposition séparée, et non point à un syllogisme entier, pris dans son ensemble.

On vous donne une proposition à établir : si l'affirmation contradictoire à cette proposition vous conduit tout droit à l'absurde, il n'est point douteux que cette proposition est vraie, puisque sa contradictoire est reconnue fausse. Il n'en va point de même, si, au lieu d'une proposition détachée, on vous donne un syllogisme avec ses trois propositions. Tout l'effort de l'argumentation par l'absurde porte sur la conclusion seule. Vous avez beau montrer avec toute l'évidence désirable que cette conclusion est vraie, vous n'avez point démontré ce qui était précisément le nœud de la question, à savoir, que cette conclusion était non-seulement vraie, mais encore déduite des prémisses qui la précèdent.

Ce mode de démonstration est donc imparfait ; il ne fait point voir que la vérité de la conclusion dérive de la vérité des prémisses ; il n'établit en aucune manière que la conclusion soit, en effet, renfermée dans les prémisses dont on veut bien la faire précéder.

Malgré ces critiques, la démonstration par l'absurde est bien supérieure aux démonstrations qui se fondent sur la matière des syllogismes. On ne saurait, en bonne logique, conclure dans aucun cas de la matière à la forme du syllogisme.

Sans doute, la conversion à l'absurde ne comporte pas une démonstration complète et décisive. Toutefois, elle a au moins le mérite, étant donnée une proposition, d'aboutir à affirmer sa vérité objective, par la seule puissance du raisonnement formel.

Je ne pense donc point, malgré les critiques que j'ai pu soulever et les réserves que j'ai dû faire, que la logique formelle doive proscrire absolument le raisonnement par l'absurde. S'il conclut à l'affirmation de la matière, il procède par la puissance de la forme.

La réduction à l'absurde, quoiqu'elle suffise à démontrer la vérité d'une proposition isolée, n'en laisse pas moins dans l'esprit comme un *desideratum* : elle ne nous fait point connaître la raison pour laquelle la proposition qu'elle démontre est vraie [1]. On ne saurait connaître la cause de la vérité d'une proposition autre-

---

[1] « La preuve directe ou ostensive est, dans toute espèce de connais-
« sances, celle qui unit en même temps la persuasion de la vérité et la
« connaissance de ses sources. La preuve apagogique, au contraire, peut,
« à la vérité, produire la certitude, mais non l'intelligence de la vérité par
« rapport à l'enchaînement des raisons de sa possibilité. Par conséquent
« les preuves apagogiques sont plutôt des procédés utiles en certains cas,
« qu'une méthode qui satisfasse à toutes les intentions de la raison.

ment qu'à l'aide du syllogisme ostensif, qui emprunte à cette cause elle-même son moyen terme [1]. Au reste, je ne veux point insister sur la réduction à l'absurde, quelque importante qu'elle puisse être, dans la crainte de perdre de vue mon sujet.

Nous sommes donc arrivés à des appréciations critiques de chacune des différentes méthodes de démonstration proposées dans les *Analytiques*. Il résulte de nos recherches, que seule, la démonstration directe par l'exposition littérale, laquelle s'appuie directement sur le principe d'identité, est conforme à la véritable nature de la logique, et capable de conduire à l'évidence discursive.

« Cependant elles ont l'avantage de l'évidence sur les preuves directes, en « ce que la contradiction emporte toujours avec elle plus de clarté dans « la représentation que la meilleure synthèse, et approche de plus près « de l'intuition qu'une démonstration. » (Kant, *Critique de la Raison pure*, *Méthodologie transcendantale*, ch. ii, sect. I, trad. Tissot, t. II, p. 398.)

[1] Cf. *Analyt. prior.*, lib. II, cap. xiv ;—*Analyt. post.*, lib. I, cap. xxvi. Cf. Thèse de M. Véra, *de Medio Termino doctrina*, etc. Cf. Ad. Trendelenburg, *Logische Untersuchungen*, Zw. B. XVIII. *Der indirecte Beweis*. Cf. Thionville, *De la théorie des lieux communs dans les Topiques d'Aristote, et des principales modifications qu'elle a subies jusqu'à nos jours.*

LIVRE QUATRIÈME

SYLLOGISMES MODAUX.

CHAPITRE PREMIER

Introduction.

Jusqu'à présent nous avons présenté séparément la doctrine d'Aristote et la critique que nous croyions devoir en faire ; nous sommes obligé, dans cette dernière partie, de présenter en même temps l'exposition et la critique, afin d'éviter toute diffusion et dans la crainte d'être réduit à nous répéter.

Nous allons voir se multiplier les critiques que nous aurons à adresser à Aristote ; nous devrons constater une absence presque complète d'ordre et de méthode dans l'exposition des différents modes, l'omission répétée de modes concluants, des démonstrations malheureuses et procédant, tantôt par l'exposition des termes, tantôt par la force des exemples, un véritable abus de la démonstration par l'absurde, un oubli presque complet du principe d'identité sur lequel repose en définitive toute la logique. Pour tout dire en un mot, la doctrine d'Aristote sur les syllogismes modaux est faite pour rappeler que ce philosophe a été l'inventeur et le créateur de la science et qu'il n'a pas pu en atteindre toujours les derniers sommets. S'il a été donné à sa sagacité incomparable d'y découvrir un grand nombre de vérités de détail, la composition générale de l'ouvrage, la démonstration des règles, l'enchaînement rigoureux des différentes parties, laissent à désirer. Ce n'est point tout à fait sans raison qu'on a pu se hasarder jusqu'à appeler un *chaos* cette portion des *Premiers Analytiques*. Que de gens ont pu prendre pour un défaut de clarté ce qui n'était qu'un défaut d'ordre. Nous nous sommes efforcés, dans l'exposition qui va suivre, de faire rentrer dans un petit nombre de principes incontestables toute cette multitude de syllogismes modaux. Nous avons cherché à introduire parmi eux un ordre fondé sur la nature même de la logique. Nous avons voulu ne formuler aucune règle qui ne fût déduite, par le seul raisonnement, des lois essentielles de la forme logique. Notre but a été de reproduire la doctrine d'Aristote avec plus d'ordre, plus de clarté et moins d'erreurs.

CHAPITRE II

Nous avons déterminé plus haut l'ordre des modales [1]. Nous avons vu d'abord, qu'en fait de modalités, notre esprit conçoit d'abord le possible, et que sans aucun intervalle de temps, pour ainsi dire, il franchit la distance qui le sépare du nécessaire. Tel est, dans notre entendement, l'ordre naturel de nos concepts, et cet ordre représente une des lois essentielles de l'esprit humain. Quoique l'apparition du possible précède logiquement dans l'esprit celle du nécessaire, Aristote n'en a pas moins placé dans les *Analytiques* le nécessaire avant le contingent. J'estime que cet ordre lui a été suggéré par la similitude particulière qui existe entre les syllogismes catégoriques et les syllogismes nécessaires. Je ne vois point qu'il ait donné cette raison nulle part, mais j'aime à croire qu'elle s'est présentée à son esprit, et elle me paraît décisive.

Après avoir examiné le syllogisme du nécessaire dans la première figure, Aristote considère le possible, et, sans sortir de cette première figure, il étudie successivement : le syllogisme à deux prémisses contingentes, le mélange du contingent et de l'absolu, enfin le mélange du contingent et du nécessaire. De là il passe à

___

[1] Livre Ier, seconde partie, ch. xv.

la seconde figure pour y étudier de nouveau, dans le même ordre, ces quatre combinaisons. Il procède de même pour la troisième et dernière figure.

L'ordre que nous suivrons sera différent. Nous n'épuiserons point ainsi toutes les combinaisons des modalités dans chacune des trois figures, mais nous poursuivrons, dans chacune d'elles, les cinq combinaisons suivantes :

1° Syllogismes à deux prémisses nécessaires ;

2° Syllogismes mêlés de nécessaire et d'assertorique [1] ;

3° Syllogismes à deux prémisses contingentes ;

4° Syllogismes mêlés de contingent et d'absolu ;

5° Syllogismes mêlés de contingent et de nécessaire.

Arrivons maintenant à ce qui fait l'objet de ce chapitre, c'est-à-dire aux syllogismes à deux prémisses nécessaires.

« Le syllogisme du nécessaire se comporte à peu
« près de la même manière que le syllogisme pur et
« simple; ils résultent, l'un et l'autre, de la même dis-
« position des termes. La seule différence qu'il y ait

---

[1] J'ai longtemps hésité dans la traduction du mot ὑπάρχον. Le mot *réel* impliquait une certaine confusion de la matière et de la forme du syllogisme : le mot *absolu* entraîne après lui l'idée du nécessaire : le mot *catégorique* a plutôt le sens d'affirmatif, et l'esprit ne l'applique pas aisément aux propositions négatives. Je m'en suis cependant servi par occasion lorsque aucune méprise n'était possible. Partout ailleurs j'ai préféré le mot *assertorique* afin de l'opposer aux deux termes qui désignent les deux modalités du nécessaire et du possible. Le lecteur voudra bien ne pas lui attribuer ici la signification et la portée qu'il a dans le système de Kant.

« entre eux, c'est la présence ou l'absence de la moda-
« lité du nécessaire [1]. »

Aristote n'a point donné la raison de cette similitude.
*Le syllogisme du nécessaire et le syllogisme de l'asser-
torique suivent les mêmes règles, parce que la conversion des propositions assertoriques et la conversion des
propositions nécessaires obéissent aux mêmes lois* [2]. Dès
qu'il en est ainsi, dès que la démonstration d'un syllogisme s'accomplit par la conversion des propositions qui
le constituent, il en résulte que l'identité de la conversion du nécessaire et de l'assertorique entraîne après
elle l'identité des modes concluants et non concluants.

Il faut faire une remarque. On se rappelle que,
dans la conversion des syllogismes ordinaires, le mode
baroco de la seconde figure et le mode *bocardo* de la
troisième ne peuvent se démontrer qu'indirectement,
par la conversion à l'absurde, et non point directement,
par la conversion des propositions qui le constituent. Or,
pour accomplir la démonstration par l'absurde, il faut
prendre la contradictoire de la conclusion du syllogisme
sur lequel on opère. Ici se présente une difficulté. Dans
la contradictoire d'une proposition modale, la contradiction porte sur le mode. Il s'ensuit que la négation
de la nécessité n'est pas autre chose que l'affirmation
de la possibilité [3].

Il résulte de cette particularité, que le syllogisme
construit pour démontrer *baroco* et *bocardo* par l'ab-

<hr>

[1] *Analyt. prior.*, lib. 1, cap viii, § 2.
[2] Voir plus haut, livre II, seconde partie, ch. x.
[3] Voir plus haut, livre II, seconde partie, ch. x.

surde, se trouve réunir dans ses prémisses une contingente et une nécessaire. Il y a donc ici manque de méthode, ou plutôt interversion de l'ordre qu'Aristote s'était proposé de suivre.

Aristote a voulu prévenir cette objection, et il a eu recours à la démonstration par l'exemple. C'est en vain qu'Alexandre d'Aphrodise a prétendu soutenir qu'en raison de la modalité, la méthode par l'exemple avait ici plus de portée qu'on ne saurait lui en attribuer dans la démonstration des syllogismes ordinaires[1] ; nous savons qu'elle n'est point légitime et qu'elle sort complétement des lois et des conditions de la logique[2].

Je me rangerai donc assez volontiers à l'avis de Théophraste. Dans le premier livre de ses *Premiers Analytiques*, aujourd'hui perdu, il disait formellement que les deux modes *baroco* et *bocardo* ne sauraient se passer de la démonstration par l'absurde, et que cette démonstration devait être renvoyée jusqu'à ce qu'on eût étudié le mélange du contingent et du nécessaire[3]. Il est vrai qu'il reste encore la ressource de démontrer ces deux modes par la méthode d'Euler[4].

Peut-être aussi faudrait-il se rendre à cette difficulté, et exposer, en premier lieu, les règles des syllogismes contingents.

---

[1] Alex., fol. 89, b.

[2] Voir plus haut, livre III, seconde partie, ch. III.

[3] Alex., fol. 80. Cette opinion relative à la démonstration par l'absurde de *baroco* et *bocardo* dans la modalité du nécessaire, nous est rapportée par Alexandre d'après Théophraste. Ce n'est point Théophraste lui-même qui en est l'auteur, comme l'a affirmé par mégarde M. Barthélemy Saint-Hilaire. (Voir le tome II de sa traduction française, p. 37.)

[4] Euler, *Lettres à une Princesse d'Allemagne*, lettre XXXVIII.

En résumé, les syllogismes à deux prémisses nécessaires ont quatorze modes concluants, et ces modes re-
produisent les dispositions des modes concluants dans
les syllogismes ordinaires.

CHAPITRE III

A mesure qu'on pénètre plus avant dans cette théorie
des modales et qu'on cherche à en fixer les lois essentielles, on reconnaît que ces lois sont beaucoup plus
simples qu'on ne l'aurait imaginé d'abord. On éprouve
un certain étonnement lorsqu'on rapproche cet ordre,
qui se prononce pour ainsi dire de lui-même, de l'indécision et de la confusion qui règnent dans tous les chapitres
des *Analytiques* consacrés à l'étude des modales. Des
philosophes du meilleur esprit se sont laissés arrêter
par ces obstacles ; ils les ont attribués à la doctrine elle-
même, et non point à une hésitation bien naturelle chez
le créateur d'une science, qui n'avait pu tout voir. Ils
se sont découragés trop tôt et ont laissé complétement
de côté cette partie de la logique, moins inabordable
peut-être qu'ils ne se l'étaient imaginé. Ils ont fait
plus : ils en ont détourné l'attention et les efforts de
ceux qui devaient les suivre [1].

---

[1] « Quand on songe que dans chacun des modes et dans chacune des
« figures, le syllogisme catégorique peut avoir une de ses prémisses

Je ne me refuserai point à l'évidence, et je dois reconnaître à mon tour la confusion qui règne ici dans Aristote. Je n'ignore point qu'il a tour à tour omis ou employé sans raison les démonstrations les plus diverses, comme aussi posé des principes sans les démontrer, ou formulé des règles sans les suivre. Toutefois, il ne me paraît pas douteux que toute cette théorie des syllogismes modaux vient se résumer dans un assez petit nombre de lois générales. C'est la méthode d'exposition et le choix des démonstrations qui laissent à désirer chez Aristote. Au fond, il n'en a pas moins découvert et déterminé, avec une sagacité rare, la plupart des modes concluants dans chaque combinaison.

Nous examinons maintenant les syllogismes qui ont l'une des deux prémisses nécessaire et l'autre assertorique.

Tous les modes concluants de ces syllogismes, dans les trois figures, se déterminent au moyen d'une règle seule et unique. Cette règle se démontre, avec la plus grande facilité, à l'aide du principe d'identité et par la seule considération de la nature même du syllogisme.

Voici cette règle :

Dans le mélange du nécessaire et de l'assertorique, il faut, pour que la conclusion soit nécessaire, que, dans les

« modale, et modale de l'un ou de l'autre des quatre modes, ou qu'il
« peut avoir ses deux prémisses modales, et qu'elles peuvent être l'une
« et l'autre ou du même mode ou de mode différents, on est effrayé
« de la prodigieuse quantité de syllogismes qui résultent de toutes ces
« combinaisons. Or, le logicien doit montrer de quelle manière la conclu-
« sion est affectée dans cette prodigieuse variété de cas. » (Reid, *Analyse
de la Logique d'Aristote*, ch. IV, sect. VI, trad. Jouffroy, t. I, p. 180).

modes concluants de la première figure, la majeure soit également nécessaire.

Le corollaire de cette règle s'exprime ainsi : *Les modes des autres figures aboutissent aussi à une conclusion nécessaire, lorsque celle des deux prémisses qui est nécessaire, est placée de manière à se trouver la majeure, lorsque l'on convertit ce mode et qu'on le ramène à la première figure.*

Il est bien entendu que cette règle, non plus que son corollaire, ne doivent point s'adresser à des modes différents de ceux que la théorie des syllogismes ordinaires a reconnus comme concluants.

Nous l'avons déjà fait remarquer : les modes nécessaires et les modes absolus obéissent aux mêmes lois dans le raisonnement, parce qu'ils sont soumis aux mêmes principes de conversion.

Cette seule et unique règle suffira à remplacer tous les préceptes de détail qu'Aristote a si consciencieusement exprimés, à ce point que tous les commentateurs se sont épuisés et que très-peu sont parvenus à découvrir, la véritable pensée du philosophe [1].

Il s'agit maintenant de démontrer la règle que nous venons de poser, et de la démontrer, non plus par l'absurde ou par un exemple, comme l'a fait Aristote [2], mais par la nature même du syllogisme. Nous allons essayer cette démonstration, qui ne se trouve point dans Aristote.

---

[1] Cf. *ad Analyt. prior.*, lib. I, cap. xii; Philop., fol. 88; Alex., fol. 40, b.

[2] *Analyt. prior.*, lib. I, cap. ix, §§ 2, 3, 4.

Je dis qu'étant donné le syllogisme suivant :

Majeure : A est attribué nécessairement à tout B ;

Mineure : B est attribué à tout C d'une façon pure et simple.

Il en résulte :

Conclusion : A est attribué nécessairement à tout C.
Démonstration.

A est le grand terme ; c'est lui qui a le plus d'extension et qui renferme la totalité de B. B est le moyen terme ; il a plus d'extension que C, et il le renferme tout entier. Donc la totalité de C est égale à une partie de B, et ce lien logique exprime une affirmation pure et simple. Or, en même temps qu'il est reconnu que C est égal à une certaine partie de B, nous avons d'un autre côté : la totalité de B est égale à une certaine partie de A, et le lien logique exprime ici une affirmation nécessaire. On ne saurait donc substituer C à la partie déterminée de B, dont elle est l'équivalent, sans que la totalité de C soit renfermée nécessairement en A, puisque B lui-même y est renfermé tout entier d'une façon nécessaire. Ce qu'il fallait démontrer.

On pourrait résumer en moins de mots, et la règle, et la démonstration de la règle. Dans la première figure, et dans les autres figures en tant qu'on les ramène par la conversion à la première, la conclusion doit être renfermée dans la majeure, et cette conclusion doit suivre non-seulement la qualité, mais le mode de la majeure.

Les termes, un peu obscurs, dont s'était servi Aristote sont les suivants : « Il y a des cas où, l'une des « deux prémisses étant nécessaire, le syllogisme lui-

« même devient nécessaire[1]. » Il s'est trouvé ici des commentateurs pour donner à ces paroles une interprétation qu'Alexandre d'Aphrodise a eu raison d'appeler ridicule[2]. Suivant eux, Aristote aurait prétendu qu'avec les mêmes prémisses, la conclusion était, tantôt nécessaire, et tantôt une affirmation pure et simple ; que c'était la matière et non la forme du syllogisme qui en décidait. Il suffit d'avoir signalé une pareille erreur pour y avoir répondu.

Je ne range parmi ces commentateurs maladroits ni Théophraste, ni Eudème, quoique l'un et l'autre ne fussent point du sentiment d'Aristote en ce qui concerne le mélange du nécessaire et de l'assertorique[3]. Suivant eux, la conclusion ne saurait être nécessaire : elle doit rester simplement affirmative. Ils apportaient deux arguments distincts à l'appui de leur dire : l'un tiré des lois même de la logique, l'autre de la nature même du syllogisme à majeure nécessaire et à mineure absolue.

Premier argument de Théophraste et d'Eudème.

« Dans tout syllogisme, disent-ils, la conclusion doit
« toujours suivre la moindre qualité et la moindre quan-
« tité des prémisses. Dans un syllogisme qui renferme
« à la fois une affirmative et une négative, la conclu-
« sion doit être négative : dans un syllogisme qui ren-
« ferme une particulière et une universelle, la conclu-

---

[1] Id., ibid., § 1.
[2] Cf. Alex., fol. 40.
[3] Cf. Alex., fol. 40; *id.*, fol. 48; *id.*, fol. 42, b.; Philop., fol. 88, b.; *id.*, fol. 85, a.

« sion doit être particulière. De même, ajoutent-ils,
« dans le mélange de l'absolu et du nécessaire, l'absolu
« est logiquement inférieur au nécessaire [1], » et la
conclusion doit être simplement absolue.

Il suffit d'une seule observation pour ruiner tout cet échafaudage de raisonnement. Les règles générales du syllogisme s'obtiennent par une induction qui porte sur tous les modes capables de conclure ; on ne saurait ni les formuler, ni les appliquer *à priori*. On est donc en droit de leur demander quand et comment ils ont établi que la modalité des propositions était soumise aux mêmes règles que leur qualité et leur quantité. Une hypothèse ne saurait justifier une critique pas plus que fonder une démonstration.

Seconde démonstration de Théophraste et d'Eudème.

Théophraste et Eudème ont essayé d'établir leur thèse en analysant le syllogisme dont ils discutent la conclusion.

« Soit A attribué nécessairement à tout B. Soit encore
« B attribué à tout G, mais non plus cette fois par une
« attribution nécessaire. Il résulte de cette circonstance
« qu'il est également possible de séparer tout B de
« G. Mais si B est en effet séparé de tout G, A lui-
« même se trouvera séparé de tout G. Cette séparation
« (réalisée ou concevable) suffit pour qu'entre A et
« G il ne puisse exister de lien nécessaire. C'est, au
« reste, ce que Théophraste et Eudème démontrent

[1] Alex., fol. 40.

« également par la matière des syllogismes modaux [1].

Je trouve cette argumentation par la matière dans le commentaire de Philopon.

« Soient les termes : santé, — maladie, — homme.
« La santé ne peut être attribuée à aucune maladie, et
« cela nécessairement ; la santé peut être attribuée à
« tous les hommes, et cela d'une façon absolue. La
« conclusion est la suivante : c'est que la maladie ne
« peut attribuée à aucun homme, et cela d'une façon
« pure et simple [2]. »

En effet, si la maladie ne pouvait être attribuée à aucun homme, et cela nécessairement, il en résulterait qu'aucun homme ne serait malade [3].

Toute la force apparente de cet argument repose sur une méprise : la mineure, dans l'exemple que l'on donne, n'est point une proposition pure et simple, c'est une proposition modale et une affirmation seulement possible. C'est ce qu'Alexandre d'Aphrodise a vu parfaitement [4]. Il arrive ainsi que, dans un pareil exemple, nous ne sommes plus en présence du mélange du nécessaire et de l'assertorique, mais du mélange du nécessaire et du contingent. Or, nous verrons bientôt [5]

---

[1] Alex., fol. 40.

[2] Philop., fol. 35, a.

[3] Cet étrange argument m'a remis en mémoire le raisonnement comique dont se servaient certains logiciens de l'antiquité pour prouver que la négative universelle ne saurait se convertir. Λαμβάνονται δέ τινες τῆς ἀντιστροφῆς ὡς μὴ ἀληθευούσης, καὶ διὰ παραδειγμάτων ἐλέγχειν πειρῶνται τὸν λόγον λέγοντες οὕτως· οὐδεὶς τοῖχος ἐν παττάλῳ ἐστί· τοῦτο ἀληθές ἐστιν· ἄρα οὖν, φησί, καὶ ἀντιστρέψαντες ὑγίως ἀποφαινόμεθα οὐδεὶς πάτταλος ἐν τοίχῳ. (Joh. Phil., fol. 13, b.)

[4] Alex., fol. 48, b.

[5] Voir plus loin le ch. vi du présent livre.

que dans ce dernier cas la conclusion n'est jamais nécessaire [1]. On ne saurait prendre ou seulement supposer
le contraire d'une proposition assertorique, sans reconnaître que cette proposition cesse d'être assertorique
pour devenir simplement possible. La proposition nécessaire est celle dont la contraire ne saurait être
conçue par l'esprit; la proposition assertorique celle
dont la contraire peut être conçue comme méta-
physiquement possible, sans que cette possibilité
métaphysique entraîne ou suppose aucune réalisation
actuelle; la proposition possible est celle dont la contraire est non-seulement admissible en théorie, mais
affirmable, dans l'ordre réel, au même titre que son
opposée.

Passons maintenant à la seconde partie de ce chapitre: Il s'agit de faire voir, non plus que la nécessité de
la majeure engendre la nécessité de la conclusion, mais
qu'avec une mineure nécessaire et une majeure absolue,
on ne saurait avoir une conclusion nécessaire. Cette démonstration résulte de la nature même du syllogisme.

Si A est attribué à tout B d'une façon pure et simple,

Si B est attribué à tout C d'une façon nécessaire,

Je dis qu'on aura pour conclusion : A est attribué à
tout C, mais d'une façon pure et simple.

En effet, si B est attribué à tout C d'une façon nécessaire, il en résulte que C est égal à une certaine
partie de B, et non point à la totalité de ce même B.
D'un autre côté, la majeure exprime que A est plus

---

[1] *Analyt. prior.*, lib. I, cap. xvi, xix, xxii.

étendu que B, et par conséquent le renferme tout entier. On doit donc admettre qu'une certaine partie de
B, et par exemple la partie C, peut n'avoir avec A
qu'un simple lien catégorique ; ce qui revient à dire que
la conclusion, à ne considérer que la conséquence résultant de la forme du syllogisme, est assertorique,
comme il fallait le démontrer.

Je présenterai cette même argumentation sous une
forme à la fois plus générale et plus décisive. Dans
un syllogisme, le moyen terme renferme le petit ; il
ne renferme pas le grand. Il en résulte que la conclusion se tire non point de la mineure, mais de la
majeure du syllogisme à l'aide de cette même mineure.
Ainsi se trouve justifiée la règle générale que nous
avons posée, à savoir que, dans la première figure, la
conclusion a la même qualité et la même modalité que
la majeure.

Il demeure donc établi que, dans la première figure,
la conclusion est nécessaire toutes les fois qu'il s'y
trouve une majeure nécessaire dont cette conclusion
dérive. On peut aisément tirer de ce que nous avons
dit les règles des deux autres figures.

La seconde figure se ramène à la première par la
conversion de l'une des deux prémisses.

Toutes les fois que la proposition qui, après la conversion, est destinée à devenir la majeure dans la première figure, est une proposition nécessaire [1], la con-

---

[1] « Quoniam secunda figura pendet a prima, in prima autem figura
dicimus tum conclusionem esse necessariam quum major propositio est
necessaria ; idcirco in secunda figura, ut colligatur conclusio necessaria ,

clusion est pareillement nécessaire. L'application de ce principe nous donne, relativement au mélange du nécessaire et de l'assertorique dans la seconde figure. le résultat suivant : il faut, dans la seconde figure, que la négative universelle qui se trouve au nombre des prémisses, soit nécessaire, pour que la conclusion soit nécessaire également [1].

Même observation pour la troisième figure. Là aussi, les règles sont les mêmes. Il y a toujours une des deux prémisses de la troisième figure qui, après la conversion, doit devenir la majeure dans un des modes concluants de la première. Il faut que cette prémisse-là soit une proposition nécessaire dans la troisième figure, pour que la conclusion y soit nécessaire [2].

L'application de ce principe conduit aux deux règles suivantes :

Première règle : *Le syllogisme de la troisième figure à deux affirmatives, doit contenir une universelle nécessaire pour aboutir à une conclusion nécessaire ;*

Seconde règle : *Si le syllogisme de la troisième figure renferme une prémisse négative, il faut que cette prémisse soit universelle et nécessaire pour que la conclusion soit nécessaire à son tour* [3].

opus est eam propositionem sumi necessariam quæ in reductione ad primam figuram erit propositio major, nempe propositionem negantem universalem. » (Jul. Pacii *Commentar. analyt. in Analyt. prior.*, lib. I, cap. x, § 1, p. 145.)

[1] *Analyt. prior.*, lib. I, cap. x, § 1.

[2] Πάλιν ἀντιστρεφομένης τῆς ἀποφατικῆς καὶ ποιούσης τὸ α′ σχῆμα, μεῖζον εὑρεθήσεται ἡ ἀποφατική, ἐν δὲ τῷ πρότῳ σχήματι ἀεὶ ἕπετο τὸ συμπέρασμα. (Joh. Phil., fol. 36.)

[3] *Analyt. prior.*, lib. I, cap. n, § 1.

Quant aux mcdes *baroco* de la seconde figure et *bocardo* de la troisième, nous y retrouvons ici les mêmes difficultés que plus haut : on ne saurait les réduire par la conversion des propositions.

Les démonstrations que nous venons de donner dans ces chapitres reposent exclusivement sur les lois formelles du raisonnement syllogistique. Je ne signalerai point, pas plus ici que dans les autres combinaisons qui vont suivre, l'abus qu'Aristote a fait des autres méthodes de démonstration, lesquelles sont, comme nous l'avons vu, entièrement étrangères à la logique.

CHAPITRE IV.

Syllogismes à deux prémisses contingentes.

Nous avons posé et démontré deux principes généraux en ce qui concerne les propositions contingentes [1].

Ces deux principes sont les suivants :

1° On peut, dans les contingentes, changer la qualité de l'énonciation qui suit le mode, sans changer pour cela la qualité de la modale.

2° La négative universelle contingente ne se convertit point en ses propres termes, mais seulement en une négative contingente particulière.

C'est sur ces deux principes que repose toute la

[1] Voir plus haut, livre II, seconde partie, ch. x.

théorie des syllogismes à deux prémisses contingentes.

Il ne suffit plus, dans ces syllogismes, de considérer seulement les modes qui sont utiles dans les syllogismes ordinaires [1]; il faut, de nouveau, les reprendre tous les uns après les autres, car la conversion, toujours possible après le mode, de l'énonciation affirmative en une énonciation négative, engendre de nouveaux modes concluants.

Une seule règle comprend, dans cette combinaison de deux prémisses contingentes, tous les modes concluants : *il faut et il suffit que la majeure soit universelle.*

Ajoutez-y qu'on peut toujours transformer la mineure par la conversion de l'énonciation qui suit le mode, si cette mineure se trouvait négative [2].

On sait en effet que, dans les quatre modes de la première figure, la mineure est constamment affirmative.

Il serait superflu de montrer que les quatre modes *barbara, celarent, darii, ferio,* ont une conclusion,

---

[1] Je trouve dans Port-Royal (*Logique,* partie III, ch. iv) et dans plusieurs autres logiques, qu'il y a soixante-quatre modes à examiner dans chaque figure. Ce nombre ne s'obtient qu'en faisant entrer la conclusion dans les diverses combinaisons que l'on forme au moyen des prémisses: or, la conclusion ne doit pas faire partie de ces combinaisons, puisqu'elle est la proposition cherchée, et par conséquent inconnue. Il ne faut donc pas dire qu'il y a soixante-quatre combinaisons à étudier, mais seulement seize. En voici l'énumération :

aa	ai	ao	io
ae	ia	oa	oi
ea	ei	eo	ii
ee	ie	oe	oo

[2] Φανερὸν δὲ ὅτι καθόλου τῶν ὅρων ὄντων ἐν ταῖς ἐνδεχομέναις προτάσεσιν ἀεὶ γίνεται συλλογισμὸς ἐν τῷ πρώτῳ σχήματι, καὶ κατηγορικῶν καὶ στερητικῶν ὄντων, πλὴν κατηγορικῶν μὲν τέλειος, στερητικῶν δὲ ἀτελής. (*Analyt. prior.,* lib. I, cap. xiv, § 11.)

lorsque leurs deux prémisses sont contingentes. Il reste à démontrer que tous les syllogismes à deux prémisses contingentes dont la majeure est universelle, rentrent dans l'une de ces quatre formes.

Étant admis que, dans la proposition contingente, l'énonciation qui suit le mode peut changer de qualité sans que la nature de la modale en soit atteinte [1], il en résulte que l'universelle affirmative peut se métamorphoser en une négative universelle, et la négative particulière en une particulière affirmative, ou réciproquement.

De là, la transformation suivante :

1° Le mode A E se transforme en *darii* ;
2° Le mode E E   —   en *celarent* ;
3° Le mode A O   —   en *darii* [2] ;
4° Le mode E O   —   en *ferio* [3].

Ainsi donc, dans la première figure, il y a, pour les syllogismes à deux contingentes, huit modes concluants : quatre qui concluent directement, quatre indirectement ; restent huit modes inutiles [4].

---

[1] Ἐλέγομεν τὰς τοῦ ἐνδεχομένου προτάσεις πρὸς ἀλλήλας ἀντιστρέφειν τὴν πᾶς πρὸς τὴν οὐδεὶς καὶ τὴν τὶς πρὸς τὴν οὐ πᾶς, ἐὰν λαβῶμεν τὴν ἀποφατικὴν εἰς καταφατικὴν γενήσονται καὶ αὐταὶ συλλογιστικαί. (Joh. Phil., fol. 41, b.) Cf. Alex., fol. 54, b.

[2] *Analyt. prior.*, lib. I, cap. xiv, §§ 3, 4, 8, 9.

[3] Aristote a commis une erreur en omettant le mode concluant *eo*, que nous rétablissons ici. M. Barthélemy Saint-Hilaire non-seulement a reproduit l'erreur d'Aristote, mais encore a placé expressément le mode *eo* parmi les modes inutiles. (Cf. trad., t. II, p. 61.)

[4] Les modes inutiles sont les suivants :

ia	*io*
ie	*oi*
oa	*ii*
oe	*oo*

Je passe à la deuxième figure.

C'est ici qu'Aristote apporte pour la première fois le principe dont il a été question plus haut, à savoir que la contingente négative universelle ne saurait se convertir autrement qu'en une particulière. Je dois même à ce propos faire une remarque sur l'économie générale de la logique d'Aristote ; il me semble qu'ici elle laisse particulièrement à désirer. Avant d'entrer dans le détail des différents syllogismes, Aristote avait cru devoir traiter des conversions des propositions [1] ; il y voyait, renfermées en germe, toutes les règles du syllogisme, pour ainsi dire. Toutefois il a omis, dans les démonstrations générales relatives aux conversions, de faire voir que la négative universelle contingente ne saurait se convertir autrement qu'en une particulière. Voilà pourquoi, arrivé au chapitre qui nous occupe [2], il a été réduit à revenir sur cette règle de conversion, et à la mêler assez mal à propos à l'étude des syllogismes.

La règle générale de la seconde figure est qu'aucun mode n'y a de conclusion.

Les syllogismes assertoriques de la seconde figure ont tous une conclusion négative. Il en résulte que, nécessairement, les prémisses sont de qualités opposées : l'une affirmative, l'autre négative [3].

Étant donné ce rapport des deux prémisses

---

[1] *Analyt. prior.*, lib. I, cap. v.

[2] *Analyt. prior.*, lib. I, cap. xvii.

[3] Δεῖ ἐν τούτῳ σχήματι ἀνομοιοσχημόνας εἶναι τὰς συλλογιστικὰς προτάσεις ἐνδεχομένων δὲ ἀμφοτέρων οὐσῶν, ἀδύνατον αὐτὰς ὅπως ἂν ληφθῶσι καὶ ἀνομοιοσχημόνας εἶναι ἀεὶ τῆς ἀποφατικῆς μεταλαμβανομένης εἰς καταφατικήν. (Joh. Phil., fol. 52.)

entre elles, voici ce qu'on pourrait dire, à ce qu'il semble. Dans les contingentes, on ne saurait opposer entre elles, dans les propositions de même quantité, l'affirmation et la négation qui suivent le mode. Il en résulte, paraît-il, que l'on peut transformer à son gré les prémisses en affirmatives ou en négatives, la nature de la proposition demeurant la même, malgré la diversité de l'apparence.

Cette explication est plus spécieuse que solide ; et, même à ne point s'occuper de sa valeur intrinsèque, elle a l'inconvénient de ne point expliquer pourquoi les syllogismes de la seconde figure sont inutiles. Je sais que cette argumentation a été reproduite par Pacius [1], mais le nom même de ce logicien ne saurait la défendre contre sa faiblesse. S'il fallait accepter, dans toute sa portée, cette thèse qu'on ne saurait plus, dans les modales du possible, distinguer l'affirmative de la négative, ni les employer chacune en leur qualité dans le raisonnement, il faudrait en revenir à l'argumentation du vieux commentateur, qui demande pourquoi, dans la première figure, au lieu de remplacer les négatives par des affirmatives on ne changerait pas au contraire les affirmatives en négatives [2].

Cherchons et montrons la cause logique qui explique véritablement l'inutilité des modes de la seconde figure.

---

[1] « Ex duabus affirmantibus in secunda figura nihil concluditur : hæc vero et figuram affirmativam habent quia modus earum est affirmativus et vim affirmativam habent etiam tunc quum dictum negatur, quia potest converti in affirmatum eo quod proprium contingentis est ut possit esse et non esse. (Jul. Pacii *Commentarius analyticus*, p. 149.)

[2] Joh. Philop., fol. 41.

Les modes de la seconde figure ne sauraient se ramener à des modes de la première qu'à une seule condition, c'est qu'on convertira la majeure, ou bien, dans le cas où l'on aurait interverti l'ordre des prémisses, la mineure, qui deviendra ainsi la majeure du syllogisme converti. Dans la conversion des syllogismes catégoriques de la seconde figure, on prend pour majeure du syllogisme ramené à la première figure, celle des deux prémisses qui dans le mode de la seconde était une universelle négative ; et, pour que la conversion s'achève, il faut que cette négative universelle demeure universelle après la conversion. Or, voilà précisément ce qui ne saurait se réaliser dans les syllogismes à deux prémisses contingentes, puisque la négative universelle contingente ne saurait, ainsi qu'on l'a vu plus haut [1], se convertir autrement qu'en une particulière.

Je veux entrer plus profondément dans cette démonstration, et, au moyen de l'analyse, la rendre plus évidente encore.

Je remarque que dans la seconde figure il y a toujours une des deux prémisses négative. Il en résulte que les modes de la seconde figure ne sauraient se convertir autrement que dans les deux modes *celarent* et *ferio* de la première, et non point dans les deux modes *barbara* et *darii*, qui supposent deux prémisses affirmatives. Or, dans la seconde figure, le moyen terme n'est jamais sujet, il est deux fois attribut (*præ*, — *præ*). Il en résulte que, pour ramener la première

___

[1] Voir plus haut, livre II, seconde partie, ch. x.

figure à la seconde, et rendre le moyen terme sujet dans la proposition qui doit devenir la majeure de *celarent* et de *ferio*, il faut nécessairement convertir en ses propres termes la négative universelle E, et la retrouver universelle après la conversion. Mais on ne saurait convertir l'universelle négative contingente autrement qu'en une particulière. Donc, la conversion en *celarent* et en *ferio* est impossible, et comme la conversion en *barbara* et en *darii* l'est également, il en résulte que les modes de la seconde figure ne sauraient s'établir par aucune preuve, ni, par conséquent, aboutir à aucune conclusion valable. Ce qu'il fallait démontrer.

Dans la troisième figure [1], le syllogisme à deux prémisses contingentes présente douze modes concluants [2].

Comme dans la majeure et dans la mineure du syllogisme de la troisième figure le moyen terme est deux fois sujet, il suffit que l'une de ces deux prémisses soit universelle pour avoir la majeure du syllogisme à l'aide duquel la troisième figure se ramène à la première. Quant à l'autre prémisse, quelles que puissent être sa qualité et sa quantité, rien de plus facile que de la convertir, soit en la prenant telle qu'elle nous est donnée, soit en changeant sa qualité, soit en employant simultanément ces deux moyens. On ne peut manquer de parvenir ainsi à se procurer une prémisse, qui, combinée avec la majeure dont il a été parlé, donne un des

---

[1] *Analyt. prior.*, lib. I, cap. xx. Cf. Joh. Philop., fol. 56, b.

[2] Dans le tableau que nous avons donné des seize combinaisons à étudier, les seuls modes inutiles sont les quatre suivants : *io, oi, ii, oo*. Cf. *Analyt. prior.*, lib. I, cap. xx, § 10.)

modes concluants de la première figure. Il en résulte qu'ici les seuls modes inutiles sont ceux qui se composent de deux particulières. En effet, on ne saurait, dans ces deux particulières, trouver la proposition générale dont on a besoin pour en faire la majeure du syllogisme de la première figure [1].

En résumé, on voit que le nombre des syllogismes utiles, lorsqu'il s'agit de deux prémisses contingentes, dépasse, dans la première et dans la troisième figure, le nombre des modes utiles consacré par les règles du syllogisme assertorique. On voit aussi qu'aucun des modes de la seconde figure ne saurait donner de conclusion démontrée.

Reste à faire une dernière remarque sur toute cette théorie du syllogisme à deux contingentes.

Nous avons vu plus haut que les mots *contingent* et *possible* se prennent dans diverses acceptions [2]. Le contingent est ce qui arrive le plus ordinairement ; le contraire de cette espèce de contingent est sans doute possible, mais un possible qui ne se réalise qu'à de longs et rares intervalles. Voici ce qui en résulte. Sans doute, les syllogismes qu'on obtient par la conversion de la contingente affirmative en une contingente négative sont irréprochables au point de vue de la logique pure ; mais si vous examinez la portée et l'usage pratique de

---

[1] Pacius s'est trompé, lorsqu'il a avancé mal à propos (*Comment. analyt.*, p. 140) qu'avec une majeure particulière il n'y avait pas de conclusion ; rien n'empêche de changer l'ordre des prémisses avant de construire le syllogisme.

[2] *Analyt. prior.*, lib. I, cap. XIII, § 5. Voir plus haut, livre I, première partie, chap. III.

ces sortes de syllogismes après leur conversion, vous reconnaîtrez bien vite qu'ils ne peuvent être, pour ainsi dire, d'aucune utilité. En effet, ils n'ont plus pour matière un contingent qui se réalise habituellement, mais, précisément, un contingent qui ne se réalise pour ainsi dire jamais [1]. Cet inconvénient paraît n'avoir point échappé à Aristote. Il dit lui-même, en termes exprès, qu'avec deux contingentes négatives dans la première figure « ou l'on n'a point de syllogisme [2], » ou l'on n'a de syllogisme que par la conversion de l'une des deux. Effectivement, à ne considérer que l'utilité pratique d'une telle forme de raisonnement, on peut dire, avec quelque apparence de vérité, qu'il n'y a point en effet de syllogisme [3].

Nous avons achevé ce que nous avions à dire sur les syllogismes à deux prémisses contingentes.

---

[1] Δεῖ μέντοι εἰδέναι ὅτι μεταλαμβανομένων τῶν ἀποφατικῶν εἰς τὰς καταφατικάς, οἱ γινόμενοι συλλογισμοὶ οὐκέτι φυλάττουσι τὸ ὡς ἐπὶ τὸ πλεῖστον λεγόμενον ἐνδεχόμενον, εἴγε τὴν ἀρχὴν ἐλήφθησαν αἱ ἀποφατικαὶ τοῦ ὡς ἐπὶ τὰ πλεῖστον ἐνδεχομένου... διὸ ἐροῦμεν ταύτας τὰς συζυγίας ὡς μὲν πρὸς τὸ ἐπὶ τὸ πλεῖστον λεγόμενον ἐνδεχόμενον, καθ' ὃ γίνονταί τινες καὶ κατὰ τὰς τέχνας καὶ κατὰ τὰς βουλάς τε καὶ πράξεις, καὶ προαιρήσεις συλλογισμοί, ἀχρήστους τε καὶ ἀσυλλογίστους εἶναι ἁπλῶς μέντοι ὡς πρὸς τὰς συμπλοκὰς συλλογιστικάς. (Alex., fol. 54, b.)

[2] Ἢ οὐ γίνεται συλλογισμός. (*Analyt. prior.*, lib. I, cap. xiv, § 5.) Bekker, text., p. 33, a, l. 16.

[3] Alex., fol. 54, b.

CHAPITRE V

Syllogismes à prémisses, l'une contingente et l'autre assertorique.

L'étude de la combinaison qui fait le sujet de ce chapitre présente des difficultés toutes particulières, surtout en ce qui concerne la première figure. On ne saurait trop regretter qu'Aristote ne se soit point élevé jusqu'à des règles générales. On se perd, pour ainsi dire, dans la multitude confuse des modes, et l'on rencontre à chaque pas des démonstrations qui laissent à désirer.

Essayons cependant de nous retrouver au milieu de toutes ces argumentations et de tous ces modes. Commençons par la première figure.

Le mélange du contingent et de l'assertorique présente deux formes : tantôt c'est la majeure qui est contingente, la mineure étant assertorique ; tantôt c'est la mineure qui est contingente, la majeure étant assertorique.

Première combinaison.

La majeure étant contingente et la mineure assertorique, tous les modes qui rentrent dans cette combinaison sont soumis à une règle unique : — *Avec une majeure universelle contingente et une mineure assertorique affirmative, la conclusion est contingente, et elle rentre dans ce qu'on appelle « le contingent proprement dit[1]. »*

Je ne trouve aucune démonstration de cette règle dans Aristote[2], mais il est facile de la déduire du principe d'identité.

Si A peut être attribué à tout B, si B est attribué purement et simplement à tout C, je dis que A peut être attribué à tout C.

La mineure étant assertorique, les termes B et C sont unis entre eux par le lien qui, dans une proposition ordinaire, rattache l'attribut au sujet. Il s'ensuit qu'une certaine partie de B est égale à tout C ; donc C lui-même peut être mis à la place de B ; donc A peut être attribué à tout C. Ce qu'il fallait démontrer.

On dit que cette conclusion relève du contingent proprement dit, parce que la qualité de l'énonciation qui suit le mode peut être changée, sans qu'il résulte de l'économie générale du syllogisme aucun obstacle à ce changement.

Seconde combinaison.

Il peut arriver, en second lieu, que la mineure soit contingente et que la majeure soit assertorique.

Il n'y aura, dans cette hypothèse, de conclusion au syllogisme qu'autant que la majeure sera universelle ; et il faut encore faire cette réserve que la conclusion ne sera pas exactement la même dans les modes affirmatifs et dans les modes négatifs. Dans les modes affir-

---

[1] Pacius, *Comment. analyt.*, p. 185.
[2] *Analyt. prior.*, lib. I, cap. xv, §§ 2, 3.

matifs, la conclusion relève « du contingent proprement
« dit ; » dans les modes négatifs, « du contingent en-
« tendu simplement dans le sens de non nécessaire[1]. »

Reste maintenant à expliquer ce qu'il faut entendre
ici par ces deux expressions : le contingent proprement
dit et le contingent simplement entendu dans le sens de
non nécessaire.

« Si vous me demandez, dit Pacius, la différence
« qui existe entre ces deux manières d'entendre le con-
« tingent, voici ce que je vous répondrai. Lorsque
« nous disons : Il est possible que tel attribut n'ap-
« partienne pas à tel sujet, si nous entendons le mot
« possible ou contingent dans son sens propre, nous
« excluons ainsi toutes les propositions nécessaires,
« aussi bien les affirmatives que les négatives.....
« Mais si nous entendons le mot contingent simple-
« ment dans le sens de non nécessaire, nous n'ex-
« cluons par là que les nécessaires affirmatives et non
« point les nécessaires négatives[2]. »

Un exemple présenté sous la forme algébrique rendra cette explication plus claire.

Soit cette proposition : A peut être attribué à tout B.
Cette proposition est dite proprement contingente, dès
que l'on peut, sans inconvénient, changer la qualité de
la proposition qui suit le mode, et en faire la proposition suivante : A peut n'être attribué à aucun B. Mais cette
même proposition : A peut être attribué à tout B, a,

[1] Jul. Pacii *Comment. analyt.*, p. 185.
[2] Ibid., p. 148.

si l'on veut l'entendre différemment, une tout autre
signification. En effet, le mot possible ou contingent
s'emploie, comme nous l'avons vu, dans des significations diverses [1]. On peut donc interpréter la proposition en question de la façon suivante : Il n'est pas
nécessaire que A soit attribué à tout B. Dès que la
proposition est entendue dans ce sens particulier, rien
n'empêche d'affirmer que nécessairement A n'est pas
attribuable à quelque B. Si cette affirmation est vraie,
si l'on peut dire en effet que nécessairement A n'est
pas attribuable à quelque B, on ne peut plus changer la
qualité de l'énonciation qui suit le mode dans la proposition primitive. On ne peut plus dire : Il est possible
que A ne soit à aucun B, dans le sens de : Il n'est pas
nécessaire que A ne soit attribué à aucun B; car, dans
l'hypothèse que nous avons faite, il est vrai d'affirmer,
tout au contraire, que nécessairement A n'est pas attribuable à quelque B.

En tenant compte de cette différence entre le contingent proprement dit et le contingent pris pour le non nécessaire, en remarquant que le contingent pris dans cette
dernière acception défend la transformation de l'énonciation qui suit le mode, l'application et l'interprétation
de la règle qui précède ne présentent plus de difficulté.

Aristote s'est donné beaucoup de mal pour démontrer la règle qui nous occupe. Il a eu recours, pour y
parvenir, à la conversion à l'absurde, et l'entreprise

---

[1] « Possibile dicitur vel quod potest esse quum non est, vel quod est ,
vel quod necessario est. » (Jul. Pacii Comment. analyt., p. 187.) Voir plus
haut, livre I, première partie, chap. III. Cf. Analyt. prior., lib. I, cap. XIII.

n'était pas des plus aisées. En effet, la conclusion qu'il s'agit de démontrer est une conclusion simplement possible. Pour prendre la contradictoire de cette conclusion, on est obligé, par hypothèse, de poser une proposition impossible. Or une proposition impossible et une proposition fausse ne sont point du tout une seule et même chose[1]. D'une hypothèse fausse on tire une conséquence fausse et non pas impossible ; de même d'une hypothèse impossible, on tire une conséquence impossible, et non pas une conséquence fausse. Aristote est obligé de sous-entendre ce principe, qu'on ne saurait poser une hypothèse impossible sans que cette hypothèse conduise à une conséquence fausse ; et ce principe il ne songe aucunement à l'établir. Aussi, dans tout ce raisonnement par l'absurde, il s'arrange, autant qu'il le peut, pour poser une hypothèse fausse plutôt qu'une hypothèse impossible, afin d'en tirer toute son argumentation.

Après tout, je crois que l'impossibilité et la fausseté d'une affirmation se tiennent d'assez près pour qu'on soit fondé à conclure de l'une à l'autre, pourvu qu'on prenne la peine d'établir cette liaison. La démonstration d'Aristote me paraît donc, en principe, suffisamment acceptable ; mais elle n'a pas seulement le tort d'être incomplète, l'application qu'il en a faite laisse à désirer sur un autre point.

On le sait, les règles de la conversion à l'absurde prescrivent de prendre la contradictoire de la conclusion.

____

[1] *Analyt. prior.*, lib. I, cap. xv, §§ 7, 8, 9.

Cette contradictoire doit, dans un syllogisme nouveau, s'unir à l'une des deux prémisses pour détruire l'autre. Il est de règle de ne rien changer à celle des deux prémisses que vous réunissez à la contradictoire pour en faire un syllogisme nouveau. C'est ici que le procédé d'Aristote me semble tout à fait répréhensible ; il n'a pas craint, pour rendre la démonstration plus facile, de métamorphoser la mineure contingente en une proposition absolue [1]. Il bouleverse ainsi toute la doctrine de la conversion des syllogismes à l'absurde. Il était tenu de justifier expressément cette déviation à sa méthode, et cependant il ne prend pas la peine d'apporter l'ombre d'une preuve ni d'une raison.

Regrettons encore une fois qu'Aristote n'ait point eu recours au principe d'identité ; il ne se serait point écarté des lois essentielles de la logique, et il aurait démontré, avec la même facilité, les modes affirmatifs et les modes négatifs. Procédons nous-même à cette double démonstration.

Soit d'abord à démontrer le mode *barbara*, en lui supposant pour mineure une contingente et pour majeure une proposition absolue. La conclusion doit être une contingente pure et simple. En d'autres termes, si A est attribué à tout B purement et simplement, si B

[1] Ὑπαρχέτω τὸ Α παντὶ τῷ Β, τὸ δὲ Β παντὶ τῷ Γ ἐνδεχέσθω· ἀνάγκη οὖν τὸ Α παντὶ τῷ Γ ἐνδέχεσθαι ὑπάρχειν, μὴ γὰρ ἐνδεχέσθω, τὸ δὲ Β παντὶ τῷ Γ κείσθω, ὡς ὑπάρχον· τοῦτο δὲ ψεῦδος μέν, οὐ μέντοι ἀδύνατον. Εἰ οὖν τὸ μὲν Α μὴ ἐνδέχεται τῷ Γ, τὸ δὲ Β παντὶ ὑπάρχει τῷ Γ, τὸ Α οὐ παντὶ τῷ Β ἐνδέχεται· γίνεται γὰρ συλλογισμὸς διὰ τοῦ τρίτου σχήματος· ἀλλ' ὑπέκειτο παντὶ ἐνδέχεσθαι ὑπάρχειν, ἀνάγκη ἄρα τὸ Α παντὶ τῷ Γ ἐνδέχεσθαι. (*Analyt. prior.*, lib. I, cap. xv, § 10. Bekk., p. 34, 8, l. 34.)

peut être attribué à tout C, je dis que A peut être attribué à tout C.

Démonstration.

Dans cette proposition : A est attribué à tout B purement et simplement, A est l'attribut, et B le sujet. Il en résulte que B est égal à une certaine partie de A. Donc, partout où se rencontrera B, je pourrai lui substituer la partie de A qui lui est égale. Or, si dans la mineure je mets à la place de B la partie de A dont il est question, la proposition deviendra la suivante : A peut être attribué à tout C. Ce qu'il fallait démontrer.

Soit maintenant à démontrer le mode négatif *celarent*, constitué avec des prémisses de même nature.

A n'est attribué à nul B, et cela purement et simplement; B peut être attribué à tout C; donc A peut n'être attribué à nul C. Cette conclusion n'a plus ici la valeur du contingent proprement dit : car elle ne saurait se convertir en la proposition suivante : A peut être attribué à tout C.

Je démontre spécialement, pour le mode *celarent*, que la conclusion contingente doit être prise dans le sens particulier que je lui attribue. J'ai recours, pour cette démonstration, au principe d'identité.

La majeure, A n'est attribuée à aucun B, exprime qu'aucune partie de A n'est égale à aucune partie de B, et réciproquement. Donc, aucune partie de A ne saurait être substituée à B dans la mineure. On ne saurait donc avoir, dans aucun cas : Une partie de A est égale à C. Il en résulte que la conclusion de ce mode négatif en *celarent*, à savoir : A peut n'être attribué à aucun C, ne représente point le contingent proprement dit, puisque cette négative ne saurait se convertir en affirmative. Ce qu'il fallait démontrer.

Nous achèverons ce que nous avons à dire sur cette combinaison des modales dans la première figure, en donnant, avec Pacius, la règle qui sert à caractériser les modes inutiles. Au reste, cette règle ressort de ce qui a été dit plus haut. La voici : « *Lorsque la majeure est* « *particulière ou la mineure catégorique négative, il n'y* « *a point de conclusion*[1]. »

Étudions maintenant cette combinaison des modales dans la seconde figure.

Tous les modes se ramènent à une règle unique : *Il n'y a de conclusion que dans les modes où l'une des deux prémisses est à la fois absolue et négative*[2].

Étant donnée une prémisse de cette qualité et de cette quantité, il y a une conclusion, et cette conclusion est contingente, en ce sens qu'elle n'est point nécessaire.

Il faut encore signaler ici dans Aristote l'absence de toute démonstration relative à cette règle, alors qu'il lui était si facile de déduire cette démonstration de la nature et des règles du syllogisme.

Les modes de la seconde figure opèrent leur conversion par les modes de la première. Or, dans les modes de la seconde figure le moyen terme est pris deux fois pour attribut. D'un autre côté, la première condition, pour avoir un mode de la première figure, c'est que le moyen

---

[1] Jul. Pacii *Comment. analyt.*, p. 185.

[2] *Analyt. prior.*, lib. 1, cap. xxviii, § 1.

terme soit sujet de la majeure. Donc, la proposition de la seconde figure qu'il faut convertir pour instituer le syllogisme de la première, doit nécessairement devenir, après la réduction, la majeure d'un des quatre modes concluants de la première figure. Mais les majeures des quatre modes concluants de la première figure sont toujours A ou E, c'est-à-dire, à ne point tenir compte de la qualité, des propositions universelles. Mais l'universelle A ne saurait, dans aucun cas, résulter d'une conversion ; et l'universelle E ne saurait s'obtenir autrement que par la conversion de la négative générale catégorique. Donc, dans la combinaison qui nous occupe, tout mode qui ne contiendrait pas une négative universelle catégorique, ne saurait conclure utilement : ce qu'il fallait démontrer.

On peut, dans cette figure, appliquer cette règle aux seize combinaisons possibles du syllogisme ; on reconnaîtra ainsi l'existence de huit modes concluants [1].

« Alexandre d'Aphrodise [2] a fait observer, avec « beaucoup de raison, que si dans cette figure la con- « clusion était appelée contingente, il ne fallait point « entendre ici le mot contingent dans son sens propre et « suivant la définition qu'on en donne ordinairement..... « En effet, il a été démontré déjà, à propos de la pre- « mière figure, que le contingent déduit d'une majeure « négative (catégorique) est non pas la possibilité pure,

---

[1] C'est-à-dire :

ee	ae	ei	eo
ee	ea	ie	oe.

[2] Cf. Alex., fol. 76.

« mais simplement le contraire de la nécessité...... Au
« reste, Aristote lui-même en avait fait la remarque [1]
« avant d'entreprendre l'étude de la seconde figure.
« Tous les modes qui concluent ont une conclusion
« contingente, et il faut entendre ici le mot contingent
« comme on l'entend des syllogismes négatifs de la
« première figure [2]. »

Nous passons au mélange du contingent et de l'assertorique dans la troisième figure [3].

Je ne répéterai pas ce que j'ai eu l'occasion de dire tant de fois relativement à l'incertitude et à l'imperfection de la méthode d'Aristote.

J'aurai, en outre, à signaler ici l'omission de plusieurs modes concluants [4].

Tous les modes renfermés dans cette combinaison obéissent à une règle unique : *ils sont tous concluants, à l'exception de ceux qui ont pour prémisses deux particulières* [5]. Cette règle est la même que celle des syllogismes à deux contingentes, dans la troisième figure [6]. La conclusion est toujours contingente [7].

Je ne trouve point dans Aristote l'explication ni la preuve de cette règle. Je vais essayer de la donner.

Dans les modes de la troisième figure le moyen terme est deux fois sujet. Il suffit donc, lorsqu'on ra-

---

[1] Cf. *Analyt. prior.*, lib. I, cap. xvii, § 1.
[2] Joh. Philop., fol. 44, b.
[3] *Analyt. prior.*, lib. I, cap. xxi.
[4] Par exemple, les modes : *ea, ae, eo, oe.*
[5] *Analyt. prior.*, lib. I, cap. xxi, § 7.
[6] Voir plus haut, chap. iv.
[7] *Analyt. prior.*, lib. I, cap. xxi, § 3.

mène la troisième figure à la première, que l'une des deux prémisses puisse jouer le rôle de majeure. En effet, l'autre prémisse, à moins que ce ne soit une négative particulière catégorique, peut toujours se convertir, après un nombre de transformations plus ou moins grand, | en une particulière affirmative. Il n'est donc aucun mode de la troisième figure qui ne soit concluant et ne puisse se ramener à la première figure, dès qu'il renferme une prémisse universelle [1].

Le mode *bocardo* présente une difficulté particulière. Il a besoin d'une double démonstration. Il peut arriver, ou que l'affirmative y soit catégorique et la négative contingente, ou, au contraire, que l'affirmative y soit contingente et la négative catégorique. Dans le premier cas, Aristote a cru devoir procéder au moyen de la démonstration par l'absurde en *barbara* [2]. Ce mode pouvait cependant, au moyen de la conversion immédiate des propositions, se convertir directement en *darii*. Il est indubitable que cette conversion directe est préférable au raisonnement par l'absurde [3].

---

[1] Aussi cette figure ne nous donne-t-elle pas moins de vingt modes concluants, sans y compter le mode *bocardo*. Dans chacun des modes qui vont suivre, on peut supposer la majeure catégorique et la mineure contingente, ou bien la majeure contingente et la mineure catégorique. C'est ainsi que les dix combinaisons suivantes donnent en effet vingt modes.

1.	*aa*	6.	*ai*
2.	*ae*	7.	*ei*
3.	*ea*	8.	*ie*
4.	*ee*	9.	*eo*
5.	*ia*	10.	*oe*.

[2] *Analyt. prior.*, lib. I, cap. xxi, § 6.
[3] Cf. Alex., fol. 82, a, b. — Joh. Philop., 87, b

Le second cas, c'est-à-dire celui dans lequel l'affirmative est contingente et la négative catégorique, présente de bien autres difficultés.

Supposons qu'en l'absence de toute démonstration dans Aristote, on entreprenne de démontrer cette forme de *bocardo* au moyen de la réduction à l'absurde. Alexandre d'Aphrodise a fait remarquer très-judicieusement que cette démonstration est impossible.

Supposez, en effet, que, pour construire le syllogisme de l'absurde, vous preniez la contradictoire de la conclusion du syllogisme que vous vous proposez de réduire : la conclusion de ce syllogisme étant une contingente, sa contradictoire sera une nécessaire. D'un autre côté, vous êtes obligé, dans le syllogisme sur lequel vous opérez, de conserver la prémisse universelle, afin d'aboutir au mode *barbara* de la première figure. Cette proposition universelle est contingente. Vous avez donc un syllogisme de la première figure, formé du mélange du contingent et du nécessaire. Cette combinaison, comme nous le verrons bientôt, conduit à une conclusion contingente. Mais une proposition contingente est une proposition qui peut indifféremment s'affirmer ou se nier; donc on ne saurait l'opposer à une proposition catégorique, et tout ce prétendu raisonnement par l'absurde n'aboutit pas.

Théophraste, au témoignage d'Alexandre d'Aphrodise [1], avait ici proposé une démonstration. Malgré tout le respect que nous devons à ce philosophe, il

---

[1] Alex., fol. 82, b.

faut bien reconnaître que cette démonstration est absurde. Des deux prémisses données, l'une négative particulière catégorique, l'autre affirmative universelle contingente, il changeait l'une des deux, c'est-à-dire la contingente en catégorique ; et, de ces deux prémisses ainsi rendues toutes les deux catégoriques, il ne laissait pas de tirer une conclusion contingente. Dès lors, la conversion à l'absurde devenait la chose la plus facile du monde ; il suffisait, avec un syllogisme ainsi construit, de prendre la contradictoire de la conclusion contingente, c'est-à-dire une proposition nécessaire, puis la mineure, qui se trouvait, dans l'hypothèse, une proposition catégorique, et on arrivait ainsi, par la combinaison du nécessaire et de l'assertorique, à une conclusion catégorique, laquelle se trouvait, en effet, la véritable contradictoire de la prémisse qu'on voulait détruire. Une pareille démonstration suppose ce qu'on ne saurait admettre en aucun cas, à savoir l'identité du réel et du possible.

Bien que dans la combinaison que nous venons d'étudier tous les modes utiles aboutissent en effet à une conclusion contingente, il faut cependant prendre garde à ce qui arrive aux modes dont la prémisse catégorique est destinée à devenir la majeure, après la conversion à la première figure. Tous ces modes ont pour conclusion, non pas le contingent proprement dit, mais le contingent qui s'entend pour le non nécessaire.

Ici se termine l'étude du mélange du contingent et de l'assertorique.

CHAPITRE VI

Syllogismes à prémisses, l'une contingente et l'autre nécessaire.

Le mélange du contingent et du nécessaire est soumis aux mêmes lois que le mélange du contingent et de l'absolu, dont nous venons de nous occuper.

Dans la première figure, les modes concluants sont ceux dans lesquels la majeure est universelle et la mineure affirmative, soit que ces propositions aient été données pour telles, ou qu'elles le soient devenues par la conversion [1].

Dans la seconde figure, les modes concluants sont ceux dans lesquels la proposition nécessaire est une négative générale et la mineure une affirmative, soit que cette mineure ait été donnée pour telle, ou qu'elle le soit devenue par le changement de l'affirmation qui suit la modalité du possible [2].

Dans la troisième figure, tous les modes sont concluants, à l'exception de ceux qui ont pour prémisses deux particulières [3].

Nous savons que le mélange de l'absolu et du contingent donne naissance à deux espèces diverses de conclusions contingentes. Lorsque la majeure du mode de la première figure est une négative catégorique, la

---

[1] *Analyt. prior.*, lib. I, cap. xvi.
[2] Ibid., cap. xix.
[3] *Analyt. prior.*, lib. I, cap. xxii.

conclusion n'appartient point au contingent proprement dit, mais à cette espèce de contingent qui s'entend pour le non nécessaire.

La même règle devait être posée relativement au mélange du contingent et du nécessaire. Lorsqu'il arrive, dans cette combinaison, que l'un des modes concluants a pour majeure, dans la première figure, une nécessaire universelle négative, la conclusion n'est contingente que dans le sens restrictif. La démonstration est la même que dans le chapitre précédent.

Ici, Aristote a avancé que ces mêmes modes aboutissent, non pas à une conclusion contingente, mais à une conclusion assertorique. Il s'ensuivrait que, dans toutes les figures, les modes dont la majeure se trouve être une négative universelle nécessaire après la conclusion, devraient donner une conclusion assertorique, et non point une conclusion contingente.

Il faut, ou que les règles posées par Aristote pour les différentes combinaisons du contingent et de l'absolu soient radicalement fausses, ou qu'au contraire il se soit trompé ici en étudiant le mélange du contingent et du nécessaire. De part et d'autre la démonstration est la même; elle ne saurait être vraie dans un cas et fausse dans l'autre.

L'erreur d'Aristote a pour origine une confusion que nous lui avons souvent reprochée. Il ne distingue pas suffisamment la matière et la forme des syllogismes qu'il étudie. Il ne lui est pas difficile, en choisissant lui-même certains exemples, d'aboutir à une conclusion qui paraît catégorique.

La possibilité de cette conclusion catégorique ressort de la considération seule des prémisses. En effet, on part de cette majeure que A, d'une façon nécessaire ou catégorique, n'est attribué à aucun B; puis, on affirme dans la mineure que B peut être attribué à tout C. Il est de la dernière importance de remarquer ici que cette mineure est contingente, et que, par conséquent, l'affirmation qui suit la modalité peut se convertir, et devenir la proposition suivante : B peut n'être attribué à aucun C. Cette proposition, toujours sous-entendue, est la véritable cause qui défend à la conclusion de devenir absolue, et la force à rester contingente.

L'erreur d'Aristote a été de prendre la mineure pour l'équivalente d'une proposition catégorique. Assurément, si à la place de la proposition : B peut être attribué à tout C, vous posez la proposition suivante : B est attribué à tout C, purement et simplement, la conclusion changera de nature, et elle deviendra catégorique, suivant les lois qui président au mélange du nécessaire et de l'assertorique.

Une simple réflexion fera mieux ressortir encore l'erreur de cette supposition.

Dès qu'on affirme que la conclusion est catégorique, et non point contingente, dès qu'on affirme que, dans un pareil raisonnement, la mineure ne laisse pas d'être contingente, il demeure toujours possible de convertir, dans cette mineure, l'affirmation qui suit le mode. On aura ainsi : nécessairement A n'est à aucun B; B peut n'être à aucun C. De ces deux négatives on ne saurait tirer aucune conclusion, et surtout on ne saurait tirer une conclusion catégorique. Il est donc reconnu que la modalité du possible dans la mineure entraîne la modalité du possible dans la conclusion.

Eudème et Théophraste [1] ont déjà adressé à Aristote la même critique. Ils lui ont reproché d'avoir soutenu que la conclusion est assertorique dans les modes mélangés du contingent et du nécessaire. Les arguments dont ils se sont servis sont de deux sortes.

Ils invoquent d'abord la démonstration par l'absurde, et l'on en trouvera le détail dans le commentaire de Philopon ; ils allèguent ensuite cette règle générale que, dans tout syllogisme, la conclusion doit suivre la moindre qualité et la moindre quantité des deux prémisses, à quoi ils ajoutent, pour le besoin de leur cause, la moindre modalité. Ce dernier argument, réduit à cette simple assertion, ne saurait avoir une bien grande valeur : car, dans la logique, comme partout, c'est des exemples et des faits que se tire la règle ; ce n'est point une règle préconçue qui s'impose arbitrairement aux faits.

Nous terminons, avec le mélange du contingent et du nécessaire, l'étude des différentes combinaisons des syllogismes modaux.

---

[1] Cf. Philop., fol. 41.

CONCLUSION

Notre travail est terminé.

Nous avons traité successivement : de la nature des propositions modales, de l'opposition et de la conversion des propositions, des différentes méthodes à l'aide desquelles on peut démontrer les syllogismes, des différentes combinaisons des syllogismes modaux. Nous avons fait connaître tour à tour la doctrine d'Aristote, et les réflexions qu'elle nous suggérait.

Loin de moi la prétention d'avoir épuisé ce sujet si complexe des modales. Cette théorie, pour être complète, demanderait à être poursuivie dans l'application pratique de ces sortes de raisonnements. J'ai voulu me renfermer dans le domaine de la science pure, et n'en point dépasser les sévères limites. Même dans ce champ ainsi circonscrit, je sais qu'il y aurait encore beaucoup d'autres considérations à aborder, et d'autres recherches à entreprendre. Je ne me suis point dissimulé les objections auxquelles pouvaient m'exposer des études aussi abstraites. On a bientôt fait, dans tous les temps [1], et aujourd'hui surtout, de reprocher à de pareils travaux leur inutilité apparente. Je me contenterai, pour toute réponse, du témoignage de Kant, en

[1] Cf. *Logique de Port-Royal*, partie III, ch. III. — Reid, *Analyse de la Logique d'Aristote*, ch. IV, sect. V, trad. Jouffroy, t. I.

déclinant, bien entendu, toute solidarité avec la véhémence un peu emportée de son langage : « C'est une « objection aussi insensée qu'injuste que celle qu'adres- « sent les sots aux grands hommes qui s'appliquent aux « sciences avec zèle, en leur disant : A quoi bon ? Qui- « conque aime la science et la vérité pour elles-mêmes, « ne doit jamais s'adresser une semblable question. Une « science ne donnerait-elle des éclaircissements que sur « un seul objet, déjà elle serait assez utile. Toute con- « naissance logiquement parfaite a toujours quelque « utilité possible, qui, quoique à nous inconnue jusqu'à « ce jour, se révèlera sans doute à la postérité [1]. » Je pourrais encore invoquer l'autorité de Leibnitz [2]. Je ne veux pas insister sur une critique qui, si elle était fondée, irait à détruire non pas seulement la logique, mais encore toutes les autres sciences.

Il ne faut pas s'attaquer légèrement à ce noble besoin de savoir et d'apprendre, ce dont Aristote a si bien parlé au début de sa métaphysique [3]. Que d'autres se demandent à quoi peuvent servir les idées, la philosophie cherche d'abord ce qu'elles valent.

Ce sont surtout les syllogismes modaux qui ont encouru ce superbe dédain. On serait encore disposé à reconnaître l'utilité du raisonnement syllogistique ordi-

---

[1] Kant, *Logique*, introduction, vi, trad. Tissot, p. 59.

[2] « Je tiens que l'invention de la forme des syllogismes est une des plus « belles de l'esprit humain, et même des plus considérables. C'est une « espèce de mathématique universelle *dont l'importance n'est pas assez* « *connue*, et on peut dire qu'un art d'infaillibilité y est contenu, pourvu « qu'on sache et qu'on puisse bien s'en servir, ce qui n'est pas toujours « permis. » (*Nouveaux Essais*, liv. IV, ch: xvii, § 4.).

[3] *Métaphys.*, lib. I, cap. i.

naire. Ce que l'on conteste avant tout, c'est précisément toute cette théorie des modales [1].

Rien de plus facile à expliquer que cette erreur : nous faisons généralement peu de cas des connaissances qui nous manquent à nous-mêmes ; on feint de mépriser ce qu'on ne saurait avoir.

Il ne manque cependant pas de discussions ni de controverses dans lesquelles la modalité des propositions est appelée à jouer un rôle important [2]. Il arrive plus d'une fois qu'on s'étonne à la vue d'un raisonnement qui s'égare et va se heurter tout d'un coup contre quelque conclusion aussi choquante qu'inattendue.

[1] « ...Cette branche de la doctrine des syllogismes , si soigneusement « traitée par Aristote, était tombée sinon dans le mépris , du moins dans « l'oubli, à une époque où la doctrine des syllogismes purs continuait à « obtenir une haute estime. » (Reid, *Analyse de la Logique d'Aristote*, ch. IV, sect. VI, trad. Jouffroy, t. I, p. 182.)

[2] « Venio ad permixtos syllogismos, in quibus tu nihil utilitatis, nihil « veritatis esse vis. De inutilitate initio tibi respondeo. Sæpe equidem « audivi magnos theologiæ nostræ locos non sat commode sine permixtis « iis syllogismis explicari tractarique posse. Ne longius abeas, quomodo « Deus optimus maximus crearit res, spontene an vero necessitate eadem « qua natura agat, tum liberæne ac solutæ sint voluntates , innumerabi- « lesque aliæ generis hujus quæstiones tractari ab eo pro dignitate non « possunt qui conclusionum harum rationem ignorat. Neque vero minorem « habent usum in externa hac græcaque philosophia : in qua multa de « animalium motu , multa de fato , de fortuna, de casu, in omnibus « philosophorum familiis ac disciplinis quæsita sunt et disputata. Habes de « usu. » (Antonii Goveani, *Responsio*, ed. l., p. 32.)

Cf. « Miror autem quod hunc locum, περὶ Δυνατῶν , περὶ ᾿Αναγκαίων, « inutilem esse confirmas, quum pleni sint libri Ciceronis ii qui ad phi- « losophiam pertinent hujusmodi quæstionum. Est enim hic locus non « solum utilis sed etiam pernecessarius. Quo enim pacto statui potest an « necessitate et fato fiant omnia, an libero arbitrio præditi simus, an « virtutes et actiones in nobis sitæ sint, aliaque ejusdem generis, hoc « incognito loco de iis quæ fieri aut non fieri possunt. » (Joachimi Perionii *Orat*. I, ed. l., p. 64.)

C'est en vain que vous avez procédé suivant toutes les règles du syllogisme ordinaire ; les propositions dont vous vous êtes servi renfermaient, à votre insu, une modalité cachée. Pour arriver à une conclusion logiquement vraie, ce qu'il vous fallait suivre, c'étaient, non point les règles du syllogisme catégorique, mais les règles du syllogisme modal. Il est de fait que si les propositions modales paraissent, dans la plupart des argumentations, d'un moins fréquent usage que les propositions ordinaires, ce n'est pas qu'au fond on soit moins souvent appelé à s'en servir, c'est simplement parce qu'on les emploie sans le savoir.

Je vais plus loin : on ne saurait, à vrai dire, instituer dans aucune science un syllogisme dont la majeure ne renferme une sorte de nécessité. Je ne parle pas seulement des sciences mathématiques, où cette nécessité est évidente et ressort de la nature même des axiomes invoqués ; je parle des sciences d'observation. Je trouve dans les vérités générales auxquelles elles aboutissent, ce que j'appellerai volontiers, avec Leibnitz, une nécessité morale ou *a posteriori*.

Remarquons, en effet, que dans l'ordre de l'observation, et à se renfermer dans les limites rigoureuses de l'expérience, il n'est pas possible à notre intelligence d'aboutir à une proposition véritablement universelle. Si donc nous ne laissons pas, après un nombre aussi petit d'observations, de nous élever à des observations universelles, c'est qu'il y a, dans notre entendement, un principe supérieur qui communique à notre intelligence cet élan et qui suffit à le soutenir. Dès que la création est le résultat de la puissance et de la volonté divine, tous les êtres finis doivent, par une nécessité conséquente de l'acte créateur, demeurer en possession des qualités inhérentes à l'essence que Dieu leur a donnée, tant que Dieu n'apporte aucun changement à cette essence. C'est là ce que j'appellerai, si l'on veut, la nécessité morale. N'en déplaise à Spinosa, je la distingue de la nécessité mathématique. Elle ne dérive point, par une sorte de fatalité, de l'essence divine, mais bien de l'acte intelligent et libre de la création. C'est donc véritablement une nécessité *a posteriori*. Elle suffit toutefois pour justifier le procédé de l'induction et fonder la certitude de nos affirmations universelles dans l'ordre expérimental. Aristote l'a fort bien dit, quoique dans un autre sens et dans un sens moins exact : le contingent pur ne saurait devenir l'objet d'aucune démonstration ; il faut que nos affirmations renferment une sorte de nécessité [1].

La conséquence de cette remarque, c'est que la démonstration proprement dite ne saurait se concevoir ni s'accomplir dans l'ordre des syllogismes ordinaires ; elle demande absolument l'intervention des syllogismes modaux. Il serait intéressant d'étendre aux *Seconds Analytiques* et à tout le reste de l'*Organon* les recherches que nous avons faites, et de poursuivre, dans l'application des syllogismes modaux, les études que nous avons faites sur leur théorie. On aboutirait à ce résultat véritablement curieux, qu'aucune démonstration ne saurait

---

[1] *Analyt. post.*, lib. I, cap. IV.

s'achever autrement que par la puissance d'une affirmation cachée modale. On verrait également que les développements oratoires, tels que la rhétorique nous enseigne à les pratiquer, reposent également sur les propositions modales, à l'insu de ceux-là mêmes qui en font usage.

Le problème de la distinction du réel, du contingent et du nécessaire, n'appartient pas seulement aux recherches de la logique, mais à la partie la plus haute de la philosophie, à la métaphysique et à l'ontologie.

L'intelligence humaine obéit à des lois constantes dans les opérations qu'elle exécute et les affirmations qu'elle émet. L'univers physique obéit aussi à des lois. Les lois de la pensée et les lois qui gouvernent le monde réel sont les mêmes : le système de la nature est conforme à l'idée que nos facultés nous en donnent. C'est en Dieu que s'établit cet accord; c'est lui qui a donné aux réalités leur être et à l'intelligence sa clarté. Voilà pourquoi plus on pénètre dans la connaissance de l'âme humaine, et plus on voit se préciser les notions fondamentales de l'ontologie. La logique nous conduit ainsi à des considérations d'un ordre supérieur. Si l'on voulait conduire jusqu'à son terme cette théorie des modales, et la rattacher à ses fondements métaphysiques, si l'on voulait définir le réel, le possible et le nécessaire, non plus comme conceptions de notre esprit, mais comme les formes métaphysiques de la réalité, on aurait à discuter de nouveau presque tous les grands systèmes qui se sont succédé dans l'histoire de la philosophie.

Le réel, ou a toujours existé, ou n'était pas et a

commencé d'être. Dans cette dernière hypothèse, il a dû, ou se produire nécessairement, ou passer de la pure possibilité à l'être. Voilà la doctrine de Leibnitz. Ce philosophe estime qu'au milieu de l'innombrable multitude des possibles, Dieu en a choisi un seul pour le réaliser librement, et que celui-là a été choisi, non point parce qu'il était nécessaire, mais parce qu'il était le meilleur de tous.

Supposez, au contraire, qu'un système confonde le réel et le nécessaire, et que le possible ne puisse être ni pensé, ni exprimé, ni réalisé. Tout ce qui est se trouve alors sous l'étreinte d'une inexorable nécessité. Cette philosophie porte le nom de panthéisme, et sa base fondamentale est la confusion du nécessaire et du réel.

Fénelon s'est placé à un autre point de vue, c'est le possible qu'il identifie avec le réel. Il ne regardait pas comme admissible un choix et une préférence de Dieu pour un possible qui serait le meilleur de tous. Au regard de la Divinité, les êtres ne sauraient présenter en eux-mêmes aucun degré de perfection. Si donc il est incompatible, à la fois, avec l'essence des choses et la majesté suprême, que Dieu ait fait un choix entre les possibles, c'est qu'il leur a accordé à tous l'existence au même titre et sans aucune distinction. C'est, d'après Fénelon, une entreprise aussi audacieuse que blâmable d'assigner, pour ainsi dire, des limites à la toute-puissance créatrice de Dieu. D'où il conclut que tout ce qui est possible est réel.

Kant a contesté en principe l'existence des réalités et nié que l'esprit humain puisse en prendre connaissance.

Suivant lui, tout concept, nécessaire dans notre entendement, est seulement possible dans la réalité : la nécessité est la loi formelle de nos intelligences, et la possibilité la condition essentielle de la réalité comme des jugements que nous portons sur elle. Dans aucun cas, suivant lui, l'intelligence n'est autorisée à affirmer le réel. On reconnaît ici le scepticisme.

Enfin, Hégel, à son tour, supprime le réel pour s'en tenir au nécessaire. Suivant lui, tout ce qui est conçu comme possible s'accomplit nécessairement. Bien plus, le possible et l'impossible viennent se confondre dans une série de contradictions logiques, dont les évolutions fatales enfantent l'immuable système du monde physique et la mobile succession des sociétés humaines.

Je ne chercherai point à compléter ces aperçus rapides ; j'en ai dit assez pour faire comprendre comment il a pu arriver à quelques philosophes de voir dans la logique la philosophie tout entière. C'est surtout en Allemagne que s'est révélée cette tendance et prononcé ce mouvement. L'étude de la logique n'a pendant longtemps rencontré parmi nous que négligence et que mépris. La philosophie cartésienne, dont le point de départ est si solide, la méthode si prudente et si sûre, lorsqu'elle est convenablement entendue, se sentirait plus forte et deviendrait plus aisément victorieuse dans sa lutte contre les systèmes allemands, si, réalisant les conditions d'une philosophie définitive, elle savait allier la puissance du raisonnement à l'exactitude de l'observation.

FIN

TABLE

—

LIVRE SECOND.

PREMIÈRE PARTIE.

OPPOSITION ET CONVERSION DES PROPOSITIONS D'APRÈS ARISTOTE.

SECONDE PARTIE.

CRITIQUE D'ARISTOTE.

LIVRE TROISIÈME.

PREMIÈRE PARTIE.

DES DIFFÉRENTES MÉTHODES EMPLOYÉES PAR ARISTOTE POUR DÉMONTRER LES SYLLOGISMES.

FIN DE LA TABLE.